DE

L'ÉDUCATION

INTELLECTUELLE, MORALE ET PHYSIQUE

A LA MÊME LIBRAIRIE

OUVRAGES DE M. HERBERT SPENCER
TRADUITS EN FRANÇAIS

Les premiers principes. 1 fort vol. in-8, traduit par M. Cazelles. 7ᵉ édition. 10 fr.

Principes de psychologie. 2 volumes in-8, traduits par MM. Ribot et Espinas. 20 fr.

Principes de biologie, 2ᵉ édition. 2 vol. in-8, traduits par M. Cazelles. 20 fr.

Principes de sociologie : Ouvrage complet en 4 vol. in-8.

> Tome I, traduit par M. Cazelles. 1 vol. in-8. 4ᵉ édit. 10 fr.
> Tome II, traduit par MM. Cazelles et Gerschel. 1 vol. in-8. 4ᵉ édition. 7 fr. 50
> Tome III, traduit par M. Cazelles. 1 vol. in-8. 2ᵉ édit. 15 fr.
> Tome IV, traduit par M. Cazelles. 1 vol. in-8. 3 fr. 75

Essais sur le progrès, traduit par M. Burdeau, 5ᵉ édition. 1 vol. in-8. 7 fr. 50

Essais de politique, traduit par M. Burdeau, 1 vol. in-8, 3ᵉ édition. 7 fr. 50

Essais scientifiques, 1 vol. in-8, traduit par M. Burdeau, 2ᵉ édition. 7 fr. 50

De l'éducation physique, intellectuelle et morale. 1 vol. in-8, 9ᵉ édition. 5 fr.

Introduction à la science sociale. 1 vol. in-8, 11ᵉ édit. 6 fr.

Les bases de la morale évolutionniste. 1 v. in-8, 5ᵉ éd. 6 fr.

Classification des sciences. 1 vol. in-18, 5ᵉ édit. 2 fr. 50

L'individu contre l'État. 1 vol. in-18, 3ᵉ édit. 2 fr. 50

Descriptive sociology, or groups of sociological facts, French compiled by James Collier. 1 vol. in-folio. 50 fr.

Résumé de la philosophie de Herbert Spencer, par H. Collins, avec préface de M. Herbert Spencer. 1 vol. in-8. 10 fr.

DE

L'ÉDUCATION

INTELLECTUELLE, MORALE ET PHYSIQUE

PAR

HERBERT SPENCER

TRADUIT DE L'ANGLAIS

NEUVIÈME ÉDITION

PARIS

ANCIENNE LIBRAIRIE GERMER BAILLIÈRE ET Cie

FÉLIX ALCAN, ÉDITEUR

108, BOULEVARD SAINT-GERMAIN, 108

1894

Tous droits réservés.

INTRODUCTION

Les quatre chapitres qui forment cet ouvrage ont paru, dans l'origine, en quatre articles de revue : le premier dans la revue de Westminster, en juillet 1849; le second, dans la revue de la Bretagne septentrionale, en mai 1854; et les deux autres, dans la revue trimestrielle, en avril 1858 et en avril 1859. En traitant séparément les différentes divisions du sujet, qui dans leur ensemble forment un tout assez complet, j'avais en vue de les publier, dans la suite, réunies; et cette édition aurait paru plus tôt, si elle n'avait pas rencontré une difficulté légale. Cette difficulté étant actuellement levée, je me hâte de remplir mon but.

Les répétitions qu'on trouve dans ces chapitres doivent être attribuées à leur première forme, qui les rendait indépendants les uns des autres. L'idée principale y reparaît deux fois; mais, cette idée étant chaque fois présentée sous une nouvelle forme, et ne pouvant être démontrée, je n'ai pas jugé à propos d'omettre les passages qui l'expriment.

Quelques additions importantes ont été faites dans le chapitre de l'éducation intellectuelle, et dans celui de l'éducation physique, quelques légers changements sont principalement dans la forme, qui a subi une révision soignée et complète.

Londres, mai 1861.

DE L'ÉDUCATION

INTELLECTUELLE, MORALE & PHYSIQUE

CHAPITRE PREMIER

QUEL EST LE SAVOIR LE PLUS UTILE ?

On a remarqué avec justesse que, dans le cours des temps, la décoration précède le vêtement. Les peuplades qui se soumettent à de vives souffrances pour s'orner de superbes tatouages, supportent des températures excessives sans beaucoup chercher à les modérer. Humboldt dit qu'un Indien orénoque, qui ne s'inquiète guère du bien-être physique, travaillera pendant quinze jours pour acheter les couleurs grâce auxquelles il compte se faire admirer, et que la même femme qui n'hésiterait pas à sortir de sa cabane sans l'ombre d'un vêtement, n'oserait pas commettre une aussi grave infraction au décorum que celle de se montrer sans être peinte. Les voyageurs constatent toujours qu'auprès des tribus sauvages, la verroterie et les colifichets ont cent fois plus de succès que les cotonnades ou le gros drap. Toutes les anecdotes sur la manière grotesque dont les sauvages s'affublent avec les chemises et les habits qu'on leur donne, montrent à quel point l'idée de la parure domine celle du vêtement. Il y a encore des exemples plus concluants : témoin le fait suivant, raconté par le capitaine Speke : quand il faisait beau, les Africains de sa suite se pavanaient fièrement dans leur manteau de peau de chèvre; mais à la moindre humidité, ils l'ôtaient prestement, pour le plier avec soin, et ils restaient à grelotter, tout nus, sous la pluie! Tous ces détails de la vie primitive indiquent donc que le vêtement s'est formé de la décoration. Nous avons d'autant plus raison d'insister sur cette origine que, même parmi nous, beaucoup de gens s'inquiètent bien plus du luxe que du confort, de l'élégance que de la commodité, de la tournure que leur donnent leurs habits que des services qu'ils leur rendent.

Il est curieux de constater que la même corrélation existe dans la sphère intellectuelle. Pour l'esprit comme pour le corps, l'utile cède le pas au décoratif. Actuellement, comme autrefois, la science appliquée au bien-être est placée au second rang, après les arts qui font briller. Dans les écoles grecques, on apprenait principalement la musique, la poésie, la rhétorique et une philosophie qui n'eut jusqu'à l'enseignement de Socrate, que peu d'influence sur les actions des hommes; le savoir appliqué aux arts industriels occupait un rang très-inférieur. La même antithèse existe encore à présent dans nos universités, dans nos écoles. Peut-être bien nous accusera-t-on de répéter une banalité : nous affirmons que neuf fois sur dix le grec et le latin sont inutiles à un jeune homme, dans la plupart des carrières. C'est un lieu commun de dire que dans sa boutique, dans son bureau, en gérant sa propriété ou en dirigeant sa famille, en remplissant les fonctions de directeur d'une banque ou d'un chemin de fer, il ne tire aucune aide de ce savoir qu'il a mis tant d'années à acquérir; il s'en sert même si peu, que sa mémoire en a laissé échapper la plus grande partie. S'il trouve l'occasion de risquer une citation latine ou une allusion à quelqu'un des mythes grecs, c'est moins pour jeter quelque lumière sur un sujet en question que pour montrer son érudition. Si l'on recherche pour quel motif réel on donne aux jeunes gens une éducation classique, on trouvera que c'est tout simplement pour se conformer à l'opinion publique. Les hommes façonnent l'esprit de leurs enfants comme ils habillent leur corps, suivant la mode dominante. De même que l'Indien orénoque ne sort point de sa cabane sans être couvert de peintures, non dans un but d'utilité, mais parce qu'il aurait honte de se laisser voir autrement; de même on exige des jeunes gens une étude complète du grec et du latin, non pour la valeur intrinsèque de ces langues, mais bien pour ne pas les exposer à l'humiliation grande de laisser voir qu'il les ignorent. On veut qu'ils reçoivent « l'éducation d'un homme du monde : » c'est le signe d'une certaine situation sociale qui commande le respect.

Ce parallèle est encore plus exact à l'égard de l'autre sexe. En ce qui touche le corps et l'esprit, l'élément décoratif a continué à prédominer chez les femmes à un plus haut degré que chez les hommes. Dans l'origine, l'ornement de la personne préoccupait également les deux sexes. Mais, depuis les derniers temps de la civilisation, le sentiment du bien-être a pris le premier rang en ce qui concerne l'habillement des hommes. De même, leur éducation a, depuis peu, été dirigée bien plus dans le sens de l'utile que dans celui de l'agréable. Mais pour les femmes, ce changement n'a pas suivi la même progression, ni sur un point, ni sur l'autre. Le désir d'exciter l'admiration surpasse chez les femmes celui d'avoir des habits chauds et commodes ; les pendants d'oreilles, les bagues, les bracelets qu'elles portent, — leurs coiffures compliquées, — le fard qu'elles mettent, — les peines énormes qu'elles se donnent pour avoir des toilettes qui attirent l'attention, la gêne qu'elles s'imposent pour suivre la mode, — sont autant de preuves à l'appui de notre dire. De même, dans leur éducation, la prépondérance considérable accordée « aux talents » démontre encore combien l'utile disparaît chez elles devant le besoin de briller. Quelle place immense accordée à la danse, à la manière de se tenir dans le monde, au piano, au chant, au dessin ! Pourquoi leur apprend-on l'italien, l'allemand ? En voici la raison véritable, cachée sous les motifs dérisoires qu'on vous donnera : c'est qu'une femme du monde doit savoir ces deux langues, non parce que les livres écrits dans ces idiomes peuvent lui être de quelque utilité — ils n'en ont guère, — mais parce que cela permet de chanter en italien, en allemand, et que le degré de perfection avec lequel on exécute ces exercices attire des succès et des murmures d'admiration. On bourre sa mémoire de dates et d'histoires de naissances, de morts, de mariages royaux, non parce qu'il peut quelquefois être utile de les connaître, mais bien parce que le monde regarde ce genre d'instruction comme faisant partie d'une bonne éducation ; ignorer ces choses exposerait au dédain d'autrui. La lecture, l'écriture, l'orthographe, la grammaire, l'arithmétique, la couture, c'est là à peu près tout ce qu'on enseigne aux jeunes filles dans un but réel d'utilité pratique ; et encore plusieurs de ces choses leur sont enseignées plutôt par égard pour l'opinion d'autrui que pour leur propre avantage.

Pour démontrer d'une manière complète cette vérité : que le goût de l'agréable a précédé celui de l'utile, dans le domaine intellectuel comme dans le domaine matériel, il nous faut examiner sa raison d'être. Cette raison est que, depuis les temps les plus reculés jusqu'à présent, les besoins sociaux ont dominé les nécessités individuelles, et que le principal besoin social a été la domination de la société sur l'individu. On s'imagine généralement à tort qu'il n'y a pas d'autres souverainetés accréditées que celles des rois, des parlements et des autorités constituées. Ces gouvernements reconnus ont pour compléments d'autres souverainetés anonymes; celles-ci se développent dans toutes les petites sphères, dans lesquelles hommes ou femmes s'efforcent d'exercer une domination quelconque. Dominer, s'attirer des hommages, se rendre favorables ceux qui sont au-dessus de nous, c'est la lutte universelle dans laquelle se dépensent les principales forces vitales. Chacun s'efforce de subjuguer les autres par sa richesse, sa manière de vivre, la magnificence de ses vêtements, ou bien par la parade de sa conscience ou de son intelligence; ainsi se trouvent formées les mailles serrées du réseau d'entraves des mille hiérarchies qui maintiennent l'ordre social. Le grand chef sauvage n'est pas le seul qui cherche à frapper ses inférieurs de crainte, à l'aide de ses formidables tatouages de guerre et des chevelures pendues à sa ceinture. La beauté mondaine n'est pas seule à *rêver conquêtes*, grâce à une toilette savante, à des manières élégantes, à d'innombrables talents. Le savant, l'historien, le philosophe, emploient leurs connaissances à la même fin. Aucun de nous ne saurait se contenter de laisser tranquillement se développer son individualité en toute liberté. Il y a en nous un besoin incessant de l'imposer aux autres et de les soumettre à notre volonté. C'est là ce qui détermine en réalité le caractère particulier de notre éducation. On ne s'inquiète pas de la valeur intrinsèque du savoir, mais bien de ce qui rapportera le plus de succès, d'honneurs, de respect, de ce qui donnera de l'influence, une position sociale — de ce qui, en un mot, imposera davantage au prochain. Ainsi, dans tout le cours de la vie, l'important n'est pas d'*être*, mais de *paraître*. En matière d'éducation, on se préoccupe donc bien moins de la valeur réelle du savoir que de l'effet qu'il produira sur autrui.

Du moment où cette manière de voir prédomine chez nous, l'utilité réelle de la science n'a pas plus de valeur à nos yeux qu'à ceux du sauvage préoccupé de limer ses dents et de teindre ses ongles.

Si l'on désire une preuve plus évidente encore du caractère grossier et incomplet de notre genre d'éducation, nous ferons remarquer combien la valeur comparative des différentes sciences a été peu étudiée et discutée d'une manière méthodique et en vue de conclusions définies. On n'a pas encore adopté de criterium pour ce genre d'appréciation ; on n'a pas même conçu avec clarté l'existence d'un pareil criterium ; à peine en a-t-on senti la nécessité. On lit force livres, on écoute force discours sur ce sujet, puis on décide d'enseigner à ses enfants telle branche de la science, plutôt que telle autre. On est guidé dans son choix par l'habitude, par un goût particulier, par un préjugé, sans songer de quelle importance extrême il est de déterminer d'abord d'une façon à peu près rationnelle quelles sont les choses méritant réellement d'être apprises. On entend, il est vrai, dans plusieurs sphères de la société, faire quelques observations sur l'importance des différents genres d'instruction. Jusqu'à quel point cette instruction justifiera-t-elle la dépense de temps exigée pour l'acquérir? N'y a-t-il pas des choses plus nécessaires à savoir, auxquelles il serait préférable de consacrer ce même temps? Si l'on prend la peine de poser ces questions, on s'empresse de les résoudre d'une manière sommaire et suivant des préférences personnelles. Il est vrai que, de temps à autre, nous voyons renaître l'éternelle discussion sur les mérites comparés des deux éducations, classique et scientifique. Mais cette discussion a généralement lieu d'une façon empirique et sans qu'on puisse s'en référer à un criterium certain; et d'ailleurs cette question est insignifiante, comparée à la question générale, dont elle n'est qu'un aspect. On s'imagine qu'en décidant laquelle est préférable, de l'éducation classique ou de l'éducation scientifique, on aura en même temps décidé quel est l'idéal de l'éducation rationnelle. C'est imiter ceux qui croient que toute la science de l'hygiène consiste à savoir quel est l'aliment le plus nourrissant, du pain ou de la pomme de terre.

La question importante, selon nous, n'est pas de savoir si telle ou telle science est utile, mais quelle est son utilité *relative*. On s'imagine justifier complétement sa manière de voir, quand on cite un certain nombre d'avantages acquis par un genre déterminé d'étude. On oublie entièrement que le point en litige est de savoir si ces avantages sont proportionnés aux peines qu'ils ont coûté à acquérir. Tout objet pour lequel un homme dépense une force active a un degré quelconque d'utilité. Une année bien employée à étudier l'art héraldique donnerait sans doute des notions plus complètes sur les mœurs et coutumes d'autrefois. Tel individu qui connaîtrait les distances existant entre toutes les villes d'Angleterre, pourrait un jour tirer parti des mille faits qu'il aurait appris, s'il avait, par exemple, un plan de voyage à préparer. Celui qui recueillerait tous les commérages d'une province parviendrait peut-être à découvrir comment se transmettent les traditions. Il faut pourtant bien convenir qu'en pareil cas, le profit ne serait pas proportionné à la peine. On trouverait certes absurde de proposer à un jeune homme d'occuper plusieurs années de sa vie à acquérir de semblables notions, au lieu d'apprendre d'autres choses beaucoup plus utiles. Or, si l'on doit, dans ces cas servant d'exemple, conclure d'après l'utilité du résultat, ne doit-on pas conclure de même dans la question de l'éducation tout entière? Si le temps ne nous manquait pas pour embrasser toutes les sciences, il nous serait permis de ne pas choisir. La vieille chanson ne dit-elle pas :

> Si l'homme était assuré
> Que ses jours dureraient
> Comme jadis, des milliers d'années,
> Que de choses il connaîtrait !
> Que de choses il ferait !
> Sans hâte, comme sans souci.

Mais nous, « dont la vie n'est que d'un moment, » nous ne devons pas oublier que nous avons peu de temps pour nous instruire. Ce temps est encore raccourci par les mille occupations de la vie ; on doit donc tâcher de l'employer de la manière la plus avantageuse. Avant de consacrer tant d'années à apprendre ce que dictent la mode ou le caprice, ne serait-il pas sage de comparer les résultats qu'on doit obtenir ainsi avec ceux qu'on obtiendrait en employant autrement le même temps ?

Voilà donc, en fait d'éducation, la question dominante ; il est grand temps de la discuter avec ordre et méthode. Le problème le plus important, quoique le dernier dont on s'occupe, c'est le choix à faire entre les différentes études qui se disputent notre attention. Pour que nous puissions trouver notre *direction rationnelle*, il faut examiner d'abord quelles sont les choses les plus importantes à connaître ; ou, pour employer un mot de Bacon, devenu malheureusement suranné, nous devons rechercher quelle est la valeur relative de chaque science.

Un terme de comparaison est donc la première chose necessaire. Par bonheur, il ne saurait y avoir de discussion quant à la manière de déterminer en général la mesure de la valeur. Quand on examine l'utilité pratique d'une science spéciale, chacun en donne tout naturellement la mesure en démontrant l'influence de cette science sur un des côtés de la vie. A cette question si simple : « A quoi cela sert-il? » le mathématicien, le philologue, le chimiste, le philosophe, répondront aussitôt en expliquant comment la science que chacun d'eux possède peut influer sur la vie d'une manière avantageuse, épargner la souffrance, favoriser le bien, conduire au bonheur. Un professeur d'écriture démontre combien cet art est un puissant moyen de diriger ses affaires, de pourvoir à mille exigences sociales; il a donc donné la preuve demandée en ce qui le concerne. Quand un savant numismate, qui passe son temps à rechercher les traces d'un passé disparu, ne peut montrer en quoi la science qu'il cultive est utile à l'humanité, il est bien obligé de reconnaître que son savoir est relativement sans aucune valeur. Telle est donc, directement ou indirectement, la manière de prouver l'utilité d'une science.

Comment doit-on vivre? Pour nous, c'est la question essentielle. Et il ne s'agit pas ici de la vie matérielle, mais de la vie dans son sens le plus étendu. Le problème général comprenant tous les autres est celui-ci : Quelle est la véritable ligne de conduite à suivre dans toutes les situations, dans toutes les circonstances de la vie? Comment traiter le corps? Comment diriger l'intelligence? Comment gouverner les affaires? De quelle façon doit-on élever sa famille? Comment faut-il remplir ses devoirs de citoyen? De quelle manière enfin faut-il utiliser toutes les sources de bonheur que la nature a données à l'homme? Quelle est la meilleure manière d'employer toutes nos facultés pour notre plus grand bien et pour celui d'autrui? Comment enfin vivre d'une vie complète? Et, ceci étant la grande chose nécessaire qu'il nous importe d'apprendre, c'est aussi la grande chose que l'éducation doit enseigner. Nous préparer pour la vie complète, tel est le but de l'éducation; et la seule manière rationnelle de juger un système d'éducation, c'est de savoir à quel degré il remplit ce but.

Ce mode d'examen n'est jamais employé que partiellement; on ne s'en sert que d'une façon très-vague et peu consciente; il doit, au contraire, être appliqué sciemment, méthodiquement, et en toute occasion. Nous devons nous souvenir sans cesse que conduire l'homme à la vie complète est l'objet de l'éducation, et quand nous élevons des enfants, choisir nos méthodes et nos sujets d'étude, en vue de cet objet déterminé. Nous devons tout d'abord cesser de nous laisser guider par l'absurde autorité de la mode en matière d'éducation; une mode n'offre pas plus de garantie que n'importe quelle autre. Il faut aussi nous élever au-dessus de la façon grossière et empirique de juger les choses, employée même par des gens intelligents, qui prennent la peine d'exercer une certaine surveillance sur la culture intellectuelle de leurs enfants. Il ne suffit pas de *penser* que telle science leur sera utile dans l'avenir, ou que cette même science possède une valeur pratique supérieure à telle autre; il faut d'abord rechercher le moyen d'apprécier le mérite respectif des sciences de manière à *savoir* positivement lesquelles doivent être cultivées de préférence.

Cette tâche est sans aucun doute fort difficile; peut-être ne sera-t-elle jamais remplie que d'une façon très-approximative. La difficulté qu'elle offre ne doit pas la faire lâchement abandonner; trop d'intérêts graves sont en jeu. Il faut au contraire déployer une grande énergie pour se rendre maître de cette difficulté. En procédant systématiquement, nous arriverons bientôt à d'importants résultats.

La première chose à faire est évidemment de classer, d'après leur importance, les principaux genres d'activités qui constituent la vie humaine. Ils se divisent tout naturellement ainsi : 1° l'activité qui concourt directement à la conservation de l'individu; 2° celle qui, en pourvoyant aux besoins de l'existence, contribue indirectement à sa conservation; 3° l'activité employée à élever et à discipliner la jeune famille; 4° celle qui assure le maintien de l'ordre social et des relations politiques; 5° l'activité de genre varié employée à remplir les loisirs de l'existence, c'est-à-dire à la satisfaction des goûts et des sentiments.

Tel est, à peu près, leur ordre hiérarchique ; inutile de le démontrer plus longuement. Il est de toute évidence qu'en premier lieu viennent les actions et les précautions à l'aide desquelles nous assurons incessamment notre sécurité personnelle. Qu'on se figure un individu aussi ignorant qu'un petit enfant à l'égard des objets environnants et des mouvements des êtres qui l'entourent, ne sachant comment se guider parmi eux et se garantir du danger ; cet individu serait sûr de perdre la vie la première fois qu'il irait seul dans la rue, malgré toutes les notions qu'il pourrait posséder sur d'autres sujets. On doit donc admettre que les connaissances les plus essentielles à avoir sont celles qui garantissent la sécurité de l'homme, puisque cette ignorance lui serait plus fatale que toute autre.

On ne saurait nier non plus que le second rang n'appartienne à la conservation indirecte de l'individu, c'est-à-dire aux moyens d'assurer son existence. Évidemment, l'obligation de pourvoir à sa propre nourriture doit passer avant les devoirs de la famille, puisqu'il n'est généralement possible de s'acquitter de ceux-ci qu'après avoir rempli cette première condition. Pourvoir à son entretien est donc le premier besoin de l'homme ; vient ensuite la nécessité de pourvoir à celui de sa famille ; donc, les connaissances nécessaires à acquérir pour se conserver soi-même ont une valeur supérieure à celles qui permettent d'assurer le bien-être de la famille.

Comme, dans le développement successif de la société, la famille a précédé l'État ; qu'on a élevé des enfants avant l'existence de l'État, et qu'on peut en élever après sa destruction ; que celui-ci ne saurait se passer d'eux pour exister ; il s'ensuit que les devoirs de père de famille ont une importance supérieure à ceux du citoyen. Puisque la valeur et la force d'une société sont basées en dernier ressort sur le caractère des citoyens qui la forment, et puisque l'éducation est le moyen le plus certain d'influer sur leur caractère, il en résulte naturellement que la prospérité de la société est basée sur celle de la famille. La science qui concourt le plus directement au développement de cette dernière, doit donc prendre le pas sur celle qui assure l'existence de la première.

Les nombreux arts d'agrément qui remplissent les loisirs laissés par de plus graves travaux, tels que la poésie, la musique, la peinture, ne sauraient exister sans l'organisation préalable d'une société constituée ; non-seulement ils ne peuvent atteindre à un haut degré de perfection qu'au sein d'une organisation sociale déjà ancienne, mais ils prennent leur source principale dans les sentiments sociaux et de sympathie générale. Non-seulement la société établie facilite leur développement, mais c'est elle qui alimente continuellement les idées et les sentiments qu'ils expriment. Tout ce qui peut contribuer à former le bon citoyen a donc une importance supérieure à tout ce qui peut servir à acquérir des talents et à satisfaire le goût; et en matière d'éducation, ce qui forme le citoyen doit passer avant ce qui forme l'artiste.

Voici donc, nous le répétons, l'ordre à peu près rationnel de cette hiérarchie : l'éducation qui prépare à la conservation directe de l'individu ; celle qui prépare à sa conservation indirecte; l'éducation qui apprend à élever sa famille ; celle qui forme le citoyen ; celle qui enseigne les arts, raffinements de la vie. Nous ne saurions nier que ces différentes branches d'éducation ne soient liées si étroitement, qu'il est impossible de cultiver l'une sans s'occuper en quelque mesure de toutes les autres. Nous ne mettons pas non plus en doute que chaque division ne renferme des parties plus importantes que d'autres existant dans les divisions précédentes : que, par exemple, un homme très-habile en affaires, mais peu doué du reste, ne soit plus éloigné de l'idéal de la vie complète que tel autre moins habile à gagner de l'argent, mais possédant beaucoup de jugement comme chef de famille; et qu'une profonde connaissance de la science qui influe directement sur la vie sociale, jointe à l'absence complète de culture littéraire et artistique, ne soit moins désirable qu'une moindre proportion de l'une, unie à quelque notion de l'autre. Les grandes divisions que nous avons établies subsistent malgré ces légères restrictions; elles se déduisent les unes des autres suivant l'ordre précédemment indiqué, et cela, parce que les divisions correspondantes de la vie réelle dépendent les unes des autres dans le même ordre.

Naturellement, l'idéal de l'éducation est la complète préparation de l'homme dans toutes ces divisions. L'état de notre civilisation actuelle ne permettant guère d'atteindre cet idéal, il faut se contenter de maintenir une juste proportion entre les différents degrés de préparation à chacune des divisions de l'activité humaine. Ne cherchons pas à développer exclusivement un ordre de connaissance aux dépens des autres, quelque important qu'il puisse être; portons notre attention sur tous, proportionnons également nos efforts à leur valeur relative. Il faut excepter cependant les cas où des aptitudes particulières font que l'on se consacre avec raison à une science spéciale, qui devient un gagne-pain. Pour la moyenne des hommes, le *desiratum* est une éducation qui approche le plus de la perfection dans les choses les plus essentielles à la vie complète, et qui s'en éloigne de plus en plus dans celles qui ont de moins en moins d'influence sur la vie complète.

En dirigeant l'éducation d'après ce principe, il ne faut jamais perdre de vue certaines considérations générales. La valeur de chaque genre de culture ayant pour but d'aider l'homme à atteindre l'idéal de la vie complète, peut être relative ou absolue. Il y a des connaissances de valeur intrinsèque, quasi-intrinsèque et conventionnelles. L'engourdissement et les tintements d'oreille précèdent généralement la paralysie; un corps qui déplace l'eau éprouve une résistance proportionnelle au carré de la vitesse; le chlore est un désinfectant : voilà des faits qui ont, comme toutes les vérités scientifiques en général, une valeur intrinsèque; ils influeront sur les actions des hommes dans dix mille ans comme à présent. La connaissance approfondie de notre propre langue, acquise par l'étude du grec et du latin, est considérée comme d'une valeur quasi-intrinsèque; elle existe pour nous comme pour d'autres races dont le langage a une origine analogue, mais sa durée est proportionnée à celle de nos propres idiomes. Ce tissu de noms, de dates et d'événements insignifiants, qui usurpe dans nos écoles le nom de science de l'histoire, n'a qu'une valeur de convention. Cette science n'a pas la plus légère influence sur nos actions; elle ne sert qu'à nous épargner la critique désagréable que l'opinion courante inflige à ceux qui ne la possèdent pas. Or, de même que l'histoire du monde entier et de tous les temps, offre une importance plus grande que celle d'une province et d'un siècle; de même que l'histoire d'une province et d'un siècle est plus importante à connaître que celle d'une ville pendant l'éphémère durée d'une mode, la science qui possède une valeur intrinsèque doit, au point de vue rationnel, être placée avant celle qui n'a qu'une valeur quasi-intrinsèque, et celle-ci avant le savoir de valeur purement conventionnelle.

Achevons ces préliminaires. Toute acquisition de connaissances a deux genres de valeur : l'une comme *savoir*, l'autre comme *éducation* ou *discipline* intellectuelle. C'est d'abord un exercice intellectuel, et ensuite un moyen de diriger ses actions ; et l'on doit considérer sous ces deux aspects le résultat d'un savoir acquis comme préparation à la vie complète.

Voici donc les considérations générales sur lesquelles nous baserons notre discussion dans la recherche d'un *système d'éducation rationnelle* : l'ensemble de la vie divisée en différents genres d'activités d'une importance décroissante ; la valeur intrinsèque, quasi-intrinsèque ou conventionnelle, de chaque ordre de connaissances par rapport à ces différents genres d'activité ; leur double influence comme savoir et comme éducation, ou discipline intellectuelle.

Heureusement, cette partie tout à fait importante de notre éducation, qui a pour objet de pourvoir directement à la préservation de nous-mêmes, est en grande partie assurée. — Comme elle était trop importante pour être abandonnée à notre légèreté, la nature s'en est chargée elle-même. — Chez l'enfant encore aux bras de sa nourrice, qui se cache la face et pleure à la vue d'un étranger, on voit poindre l'instinct de la conservation, qui le porte à fuir ce qui est inconnu et peut être dangereux. Quand il sait marcher, la terreur qu'il éprouve à l'approche d'un chien non familier; les cris perçants avec lesquels il court vers sa mère en voyant quelque chose d'inattendu, nous montrent cet instinct déjà plus développé. De plus, il est principalement occupé heure par heure à acquérir les connaissances qui servent à la préservation directe de soi-même. Il ne cesse d'apprendre comment il doit tenir son corps en équilibre, en surveiller les mouvements, afin d'éviter des collisions; quels objets sont durs et lui feront mal s'il s'y heurte; lesquels sont lourds et le blesseront s'ils tombent sur ses membres; quelles sont les choses qui supporteront le poids de son corps et quelles sont celles qui ne le supporteront pas; la douleur causée par le feu, par les projectiles, par des instruments tranchants : tel est, avec beaucoup d'autres éléments d'information utiles pour éviter la mort ou les accidents, l'objet continuel de son étude. Enfin, lorsque, quelques années plus tard, les forces se dépensent à courir, à grimper, à sauter dans des jeux de force ou d'adresse, nous voyons dans toutes ces actions, par lesquelles les muscles se développent, les perceptions s'aiguisent, le jugement devient plus prompt, une préparation à savoir conduire le corps au milieu des objets qui l'entourent et à éviter les dangers qui s'offrent à tout le monde dans la vie : la nature ayant ainsi, comme nous l'avons dit, pris si grand soin de nous instruire, nous n'avons pas à nous occuper beaucoup de cette éducation fondamentale. Ce qu'on exige, c'est qu'il soit laissé à l'enfant liberté entière d'acquérir cette expérience et de se soumettre à cette discipline; c'est que la nature ne soit pas contrariée, ainsi qu'elle l'est par d'absurdes maîtresses d'école qui empêchent communément les jeunes filles confiées à leurs soins de se livrer à la spontanéité de leur activité physique, comme celles-ci aimeraient à le faire, et qui les rendent ainsi relativement incapables de se garder elles-mêmes en cas de danger.

Ce n'est pas là pourtant, à beaucoup près, tout ce que comprend l'éducation qui doit préparer à la préservation directe de soi-même. Outre que le corps doit être défendu contre tout ce qui peut endommager ou détruire mécaniquement notre organisme, il faut qu'il soit protégé contre les conséquences des infractions à la loi physiologique, conséquences qui sont la maladie ou la mort. Pour arriver à la vie complète, il est non-seulement nécessaire de prévenir les annihilations soudaines de la vie, mais il faut encore échapper aux affaiblissements et aux lentes annihilations que nos mauvaises habitudes amènent. Comme, sans la santé et l'énergie, toute espèce d'activité, industrielle, paternelle, sociale, etc., devient plus ou moins impossible, il est clair que ce second genre de préservation directe de soi-même n'est guère moins important que le premier, et que le savoir tendant à l'assurer devrait être placé à un rang très-élevé. Il est vrai qu'ici encore nous sommes en quelque sorte pourvus d'un guide; au moyen de nos sensations physiques et de nos désirs, la nature s'est assuré une soumission relative à ses principales exigences. Heureusement pour nous, le manque de nourriture, la grande chaleur, le froid excessif, produisent des avertissements trop impérieux pour que nous n'en tenions pas compte; et si les hommes obéissaient communément à ces avertissements et à d'autres semblables, quoique moins forts, ils n'auraient relativement que peu de maux à redouter. Si la fatigue du corps ou du cerveau était invariablement suivie de repos; si l'oppression résultant d'une atmosphère renfermée amenait toujours la ventilation; si l'on ne mangeait pas sans faim, si l'on ne buvait pas sans soif, l'organisme serait rarement hors d'état de fonctionner. Mais il y a en cela une si profonde ignorance des lois de la vie, que les hommes ne savent même pas que leurs sensations sont leurs guides naturels, leurs guides les plus dignes de confiance, lorsqu'elles ne sont pas devenues morbides par suite d'une désobéissance persistante. De sorte que, pour parler avec une concision logique, la nature nous a pourvus de gardiens officieux de notre santé que le manque de savoir rend en grande partie inutiles.

Si quelqu'un doute de l'importance qu'il y a pour nous à être familiarisés avec les principes de la physiologie, comme moyen d'arriver à la vie complète, qu'il regarde autour de lui, et qu'il voie combien il pourra trouver d'hommes et de femmes dans l'âge moyen de la vie, ou dans un âge avancé, qui soient complétement bien portants. Ce n'est que par exception que nous rencontrons un exemple d'une vigoureuse santé conservée dans la vieillesse ; à toute heure, au contraire, nous avons sous les yeux des cas de maladies aiguës, de maladies chroniques, d'affaiblissement général, de décrépitude prématurée. Il n'est peut-être personne qui n'avoue, si vous l'interrogez, qu'il s'est, dans le cours de sa vie, attiré des maladies dont la plus simple notion de physiologie l'aurait préservé. Ici, c'est une maladie du cœur, conséquence d'une fièvre rhumatismale amenée par l'insouciance à choisir une habitation convenablement exposée ; là, c'est une vue perdue pour la vie par un excès d'étude. Hier, il était question d'une personne dont la persistante claudication provient de ce qu'en dépit de la douleur, elle a continué à se servir d'un genou légèrement blessé. Aujourd'hui, on nous parle d'une autre personne qui a dû rester couchée pendant des années, parce qu'elle ignorait que les palpitations dont elle souffrait étaient un des effets de la fatigue de son cerveau. Tantôt c'est une blessure incurable qui provient de quelque sot tour de force ; tantôt c'est une constitution qui ne s'est jamais relevée des suites d'un travail excessif entrepris sans nécessité. Pendant ce temps, nous voyons de tous côtés les perpétuelles indispositions qui accompagnent la faiblesse. Ne nous arrêtons pas sur la souffrance, la lassitude, la mélancolie, les pertes de temps et d'argent qui pèsent de cette manière sur nous ; considérons seulement combien la mauvaise santé empêche que nous ne nous acquittions de tous nos devoirs, rend les affaires souvent impossibles et toujours plus difficiles; comment elle produit une irritabilité fatale à la bonne direction des enfants; comment elle fait de l'accomplissement des fonctions de citoyen une impossibilité, et du plaisir une fatigue. N'est-il pas évident que les péchés contre l'ordre physique, tant ceux de nos ancêtres que les nôtres, diminuent plus que toute autre chose la vie complète, altérant la santé, et que, dans une large mesure, ils font de la vie une infirmité et un fardeau au lieu d'un bienfait et d'une jouissance?

Ce n'est pas tout. — Outre que la vie est ainsi considérablement détériorée, elle est encore raccourcie. Il n'est pas vrai, comme on le suppose, qu'après un dérangement ou une maladie dont nous guérissons, nous soyons comme auparavant. Il n'y a pas de trouble fonctionnel qui puisse passer en laissant les choses exactement telles qu'elles étaient auparavant. L'organisme a reçu une atteinte permanente; il se peut qu'elle ne soit pas immédiatement appréciable, mais elle existe, et, ajoutée à d'autres *item* du même genre, que la nature n'oublie jamais d'inscrire dans le compte rigoureux qu'elle tient, cette atteinte influera sur nous, jusqu'à ce que, inévitablement, elle abrége notre vie. C'est par l'accumulation des petites atteintes que les constitutions sont ordinairement minées et détruites bien avant le temps. Si nous avons présent à l'esprit combien le terme moyen de la vie tombe au-dessous de la durée possible, nous pouvons nous rendre compte de l'immense étendue de la perte. Si, aux pertes partielles de vitalité que produit la mauvaise santé, nous ajoutons la perte finale, causée par la mort prématurée, nous voyons qu'ordinairement, une moitié de la vie est jetée par-dessus bord.

Par conséquent, la science qui concourt à la préservation directe de soi-même, en empêchant la perte de la santé, est d'une importance capitale. Nous ne prétendons pas que la possession d'une pareille science remédierait complétement et en tous cas au mal. Il est évident que, dans la période actuelle de notre civilisation, leurs besoins obligent souvent les hommes à transgresser la loi. De plus, il est clair que, même en l'absence d'une pareille nécessité, leur inclination les entraînerait souvent, malgré leurs convictions, à sacrifier un bien futur à une satisfaction immédiate. Mais nous prétendons que la véritable science, enseignée convenablement, ferait beaucoup; et puisque les lois de l'hygiène doivent être reconnues avant d'être pleinement obéies, il faut que la diffusion de cette science précède et prépare, dans un avenir plus ou moins éloigné, une manière de vivre plus conforme à la raison. Nous en concluons que, si une vigoureuse santé et l'énergie morale qui l'accompagne sont pour l'homme les premiers éléments de bonheur, la science qui a pour objet la conservation de cette santé, est une science qui ne le cède à aucune autre. Aussi sommes-nous certain qu'un cours de physiologie suffisamment complet pour conduire à l'intelligence des vérités générales de cette science, et pour nous enseigner à en tenir compte dans la vie journalière, doit faire essentiellement partie d'une éducation rationnelle.

Il est étrange qu'une pareille affirmation soit nécessaire, plus étrange encore qu'elle ait besoin d'être défendue. Il ne manque cependant pas de gens chez lesquels une pareille proposition sera accueillie par quelque chose comme de la dérision. Ces hommes qui rougiraient si on les surprenait à mettre sur Iphigénie l'accent sur l'antépénultième au lieu de la pénultième, ou qui considéreraient comme une insulte toute accusation d'ignorance au sujet des travaux fabuleux de quelque demi-dieu de la Fable, ne montrent pas le plus léger embarras à avouer qu'ils ne savent pas où sont les tubes d'Eustache, quelles sont les fonctions de la moelle épinière, quel est le chiffre normal des pulsations, ou comment les poumons se gonflent d'air extérieur. Tandis qu'ils sont empressés de voir leurs fils versés dans la connaissance de superstitions qui remontent à deux mille ans, ils s'embarrassent peu qu'ils acquièrent quelques connaissances sur la structure et les fonctions de leur propre corps; ils préfèrent même qu'ils ne les possèdent point, tant est tyrannique l'influence de la routine, tant est terrible dans notre éducation la prédominance de ce qui est d'agrément sur ce qui est d'utilité!

Nous n'avons pas besoin d'insister sur la valeur de ce genre de savoir qui concourt indirectement à la conservation de l'individu, en lui fournissant les moyens de gagner sa subsistance. Tout le monde est d'accord sur ce point, et la masse le considère même, trop exclusivement peut-être, comme le but de l'éducation. Mais tandis que chacun est prêt à acquiescer à cette proposition abstraite : que l'instruction qui rend les jeunes gens aptes aux travaux de la vie est d'une importance très-haute, voire même d'une importance souveraine, à peine quelques personnes s'enquièrent-elles de savoir quel genre d'instruction développera chez eux ces aptitudes.

A la vérité, la lecture, l'écriture et l'arithmétique sont enseignées avec une intelligente appréciation de leur objet. Mais c'est tout. Tandis que la plus grande partie de ce qu'on apprend n'a pas trait à l'activité industrielle, on laisse de côté une immense quantité de connaissances qui ont directement trait à cette activité.

En effet, à part quelques classes peu nombreuses, à quoi les hommes sont-ils employés? Ils sont employés à la production, à la préparation et à la distribution des marchandises. Et de quoi dépend le succès dans la production, la préparation et la distribution des marchandises? Il dépend de l'emploi de méthodes adaptées à la nature spéciale de chacune de ces denrées; de la connaissance exacte de leurs propriétés physiques, chimiques ou vitales, selon le cas ; en un mot, il dépend de la science.

Cette branche du savoir, qui est en grande partie ignorée dans nos cours scolaires, est celle sur laquelle se fonde la réalisation des progrès qui rendent possible la vie civilisée. Bien que cette vérité soit indiscutable, il semble que ce soit une vérité morte ; c'est précisément parce qu'on y est habitué qu'on n'y songe pas. Aussi voulons-nous faire pénétrer cette vérité dans l'esprit du lecteur, en passant rapidement les faits en revue, afin de donner à notre argumentation toute la force qui lui appartient.

Laissons de côté la plus abstraite des sciences, la logique, guide nécessaire cependant, dont dépendent, sciemment ou non, pour la justesse de leurs prévisions, le grand producteur aussi bien que le grand négociant, et prenons d'abord les mathématiques. Cette science, en tant que science des nombres, dirige toutes les activités industrielles, qu'il s'agisse de déterminer des procès, de dresser des estimations, d'acheter, de vendre des denrées, ou de tenir des comptes. Il n'est pas besoin que nous fassions ressortir aux yeux de personne l'importance de cette branche des sciences abstraites.

Dans les arts de construction, il est indispensable d'avoir quelques connaissances dans la branche spéciale des mathématiques qui s'y applique. Le charpentier de village qui dresse le plan de son travail selon des règles empiriques, aussi bien que le constructeur d'un *Britannia bridge*, fait des applications continuelles des lois qui régissent les rapports de distance. L'intendant qui mesure la terre achetée; l'architecte qui fait le plan de l'habitation qu'on veut y bâtir; l'entrepreneur qui pose les fondations; le maçon qui entaille les pierres; les divers artisans qui ajustent les parties de l'édifice, sont tous guidés par des vérités géométriques.

La construction des chemins de fer est réglée, depuis le commencement jusqu'à la fin, par la géométrie : préparation des plans et coupes, tracés des lignes, mesure des tranchées et des talus, plans et constructions de ponts, d'aqueducs, de viaducs, de tunnels et de stations. Il en est de même des ports, docks, jetées, et des différents travaux de l'ingénieur ou de l'architecte, qui s'étendent le long des côtes, ou couvrent le pays, non-seulement à sa surface, mais jusque dans les mines et les profondeurs du sol. De nos jours, le fermier lui-même se sert du niveau pour poser convenablement ses tuyaux de drainage, c'est-à-dire qu'il a recours aux principes de la géométrie.

Viennent maintenant les sciences abstraites concrètes. Le succès des manufactures modernes dépend de l'application de la plus simple d'entre elles, la mécanique. Les propriétés du levier et du treuil sont reconnues dans toute machine, et c'est à l'usage des machines qu'aujourd'hui nous devons tous les produits. Suivez l'histoire d'un petit pain. Le sol d'où il est sorti a été drainé au moyen de tuyaux en terre faits à la mécanique; la surface de ce sol a été retournée par une machine; le froment a été fauché, battu et vanné par des machines; c'est à la machine qu'il a été bluté, moulu; et si la farine avait été expédiée à Gosport, elle aurait pu être transformée en biscuits au moyen de machines. Regardez autour de la chambre où vous êtes. Si elle est de construction moderne, il est probable que les briques de ses murs ont été fabriquées par des machines; que le plancher en a été scié et raboté par des machines; que par des machines encore le manteau de la cheminée a été scié et poli, les papiers de tenture fabriqués et imprimés. Le placage de la table, les pieds tournés des chaises, le tapis, les rideaux, tout cela est le produit de la machine. Votre vêtement uni, façonné ou imprimé, n'est-il pas complétement tissé, peut-être même cousu, au moyen de la machine? Et le volume que vous lisez, est-ce que ses feuilles n'ont pas été fabriquées par une machine, et couvertes par une autre machine des mots que voici? Ajoutez à cela que les moyens de répartition de denrées par terre et par mer sont de même dus aux machines. Et maintenant observez que le succès ou l'insuccès de toute industrie dépend de ce que la science mécanique est bien ou mal appliquée. L'ingénieur qui commet une erreur en calculant la puissance des matériaux qu'il emploie, construit un pont qui s'effondre. Le manufacturier qui se sert d'une mauvaise machine, ne peut pas faire concurrence à un autre manufacturier dont la machine dépense moins de force par le frottement et la résistance. Le constructeur de navires qui s'en tient à l'ancien modèle, est distancé par un autre qui construit conformément au principe reconnu en mécanique de la ligne de flottaison. Or, comme l'aptitude d'une nation à soutenir la concurrence des autres nations, dépend de l'activité et de l'habileté des individus qui la composent, il s'ensuit que l'état, chez elle, de la science mécanique peut changer la destinée du pays.

Élevons-nous maintenant, des branches de la science abstraite-concrète, qui s'occupent des forces résultant de la masse, aux branches de cette science qui traitent des forces moléculaires, et nous arriverons à une nouvelle et vaste série d'applications. C'est à ce groupe de sciences, joint aux groupes précédents, que nous devons la machine à vapeur qui accomplit le travail de millions de bras. La partie des sciences physiques qui s'occupe de formuler les lois de la chaleur, nous a enseigné la manière d'économiser le combustible dans de nombreuses industries : comment on augmente le produit des hauts fourneaux en substituant l'air chaud à l'air froid ; comment on ventile les mines ; comment on prévient les explosions par l'usage de la lampe de sûreté ; et comment enfin, au moyen du thermomètre, on règle l'application d'une foule de procédés. Une autre section de la science, qui a pour objet l'étude des phénomènes de la lumière, donne des yeux au vieillard et au myope ; aide par le microscope à découvrir les maladies ou les sophistications, en même temps qu'elle prévient les naufrages par l'usage des phares perfectionnés. Les découvertes en électricité et en magnétisme ont sauvé un nombre incalculable d'existences et de richesses par la boussole ; elles sont venues au secours de plusieurs arts par l'électrotypie ; et maintenant elles nous ont fourni dans le télégraphe un agent qui, dans l'avenir, réglera les transactions commerciales et développera les relations politiques. Jusque dans les détails de la vie domestique, depuis le fourneau de cuisine perfectionné jusqu'au stéréoscope d'une table de salon, les progrès des sciences physiques viennent contribuer à notre bien-être et à nos jouissances.

Bien plus nombreuses encore sont les applications de la chimie. Le blanchisseur, le teinturier, le fabricant de toiles peintes, se livrent tous à des opérations qui réussissent plus ou moins, selon qu'ils appliquent ou non les lois de la chimie. La chimie doit servir de guide pour la fonte du cuivre, de l'étain, du zinc, du plomb, de l'argent et du fer. Le raffinage du sucre, la fabrication du gaz, celle du savon, de la poudre à canon, sont des opérations en partie chimiques; de même encore la fabrication du verre et de la porcelaine. Distinguer le point où les matières destinées à la distillation s'arrêtent à la fermentation alcoolique de celui où elles passent à la fermentation acide, c'est là une question de chimie d'où dépend le profit ou la perte pour le brasseur. Et s'il a une fabrication étendue, il trouvera de l'avantage à avoir un chimiste attaché à son établissement. Au fait, il n'y a guère de manufactures maintenant qui ne relèvent en quelque chose de la chimie. De notre temps, il n'est pas jusqu'à l'agriculture dans laquelle on n'ait besoin d'un pareil guide, si l'on veut s'y livrer avec profit. L'analyse des engrais et du sol, les découvertes relatives à l'adaptation des uns aux autres, l'emploi du gypse ou d'autres substances qui fixent l'ammoniaque, l'utilisation des coprolithes, la production d'engrais artificiels, sont autant de bienfaits de la chimie avec lesquels il est utile que le fermier soit familiarisé. Qu'il s'agisse d'allumettes ou de désinfection des eaux d'égout, de photographie, de pain sans levain ou de parfums tirés des détritus, nous devons reconnaître que la chimie intéresse toutes les industries, et que, pour cette raison, cette science concerne toute personne qui, directement ou indirectement, est intéressée dans nos industries.

Dans les sciences concrètes, nous arrivons d'abord à l'astronomie. De l'astronomie est née la navigation, laquelle a rendu possible l'immense commerce extérieur qui fait vivre une grande partie de notre population, en même temps qu'il nous fournit bien des objets de première nécessité et la plupart des articles de luxe.

La géologie est encore une science dont l'étude concourt, pour une large part, au progrès industriel. Maintenant que les mines de fer sont une si grande source de richesse ; maintenant que la durée de notre approvisionnement de charbon est devenue une question de grand intérêt; maintenant que nous avons une École des mines et un service d'inspecteurs géologues, il devient à peine nécessaire d'insister sur cette vérité : que l'étude de l'enveloppe terrestre importe à notre prospérité matérielle.

Que dire maintenant de la science de la vie, la biologie ? N'a-t-elle point pour fondement aussi la recherche de ces procédés indirects de conservation personnelle ? Elle a peu de rapports avec ce que nous appelons ordinairement des « manufactures; » mais elle est inséparablement unie à la première des industries, la production des aliments. Comme l'agriculture doit conformer ses méthodes aux phénomènes de la vie végétale et animale, il s'ensuit que la science de ces phénomènes est la base rationnelle de l'agriculture. Il est vrai que plusieurs vérités biologiques avaient été empiriquement reconnues et appliquées par les fermiers avant qu'on les eût scientifiquement conçues. Ils savaient, par exemple, que certains engrais conviennent à certaines plantes; que certaines récoltes rendent le sol impropre à d'autres; que des chevaux mal nourris ne peuvent pas faire un bon travail; que telle ou telle maladie des bestiaux ou des moutons se produit dans telle ou telle condition. Ces connaissances et celles que l'agriculteur acquiert tous les jours par l'expérience, sur la manière de gouverner les plantes et les animaux, constituaient la somme de faits biologiques qui lui étaient connus : faits biologiques dont dépend grandement le succès de ses entreprises. Or, puisque ces faits biologiques, mal définis, rudimentaires, sont venus si puissamment à son secours, jugez de quelle valeur ces mêmes faits seraient pour lui, s'ils devenaient positifs, bien définis et approfondis. Dès aujourd'hui nous pouvons voir les bienfaits que lui apporte la biologie rationnelle. La vérité que la production de chaleur animale implique une perte de substance, et que, par conséquent, en empêchant la déperdition de la chaleur, on prévient le besoin d'une augmentation de nourriture; cette vérité, résultat d'une conclusion purement théorique, guide maintenant l'éleveur dans l'engraissement du bétail :

il est prouvé qu'en maintenant les étables à une température chaude, on économise du fourrage. Il en est de même en ce qui concerne la variété des aliments.

Les expériences des physiologistes ont démontré que non-seulement le changement de nourriture est profitable, mais que la digestion est rendue plus facile par le mélange des aliments dans l'estomac. C'est encore à la biologie que les agriculteurs doivent de connaître la cause de la maladie appelée *vertigo*, qui sévit chaque année sur des milliers de moutons. On sait maintenant, en effet, que cette maladie provient de la présence d'un entozoaire qui exerce une pression sur le cerveau. Il suffit d'extraire cet insecte par le point du crâne dont le ramollissement indique la place où il est logé, pour que le mouton guérisse presque toujours.

Une autre science qui exerce une influence directe sur la prospérité industrielle d'une nation, c'est la sociologie. Les hommes qui, chaque jour, s'enquièrent de la situation du marché financier, qui passent en revue les prix courants; qui discutent les probabilités de la récolte du froment, du sucre, du coton, de la laine, de la soie; qui pèsent les chances de guerre et de paix, et qui basent, sur ces données, leurs opérations commerciales, ces hommes-là étudient la sociologie. Ils l'étudient d'une façon empirique, erronée; mais ils l'étudient, parce que leurs gains ou leurs pertes dépendent de la justesse de leurs appréciations. Ce n'est pas seulement le négociant, le manufacturier, qui doit se guider dans ses transactions par la comparaison entre l'offre et la demande, comparaison qui exige la connaissance de faits nombreux, et reconnaître ainsi tacitement divers principes sociaux ; c'est encore le détaillant qui doit entrer dans toutes ces considérations. Sa prospérité dépend surtout de la justesse de ses prévisions sur les prix de gros et sur le taux de la consommation. Il est manifeste que quiconque se mêle au tourbillon de l'activité commerciale, a un intérêt vital à connaître les lois d'après lesquelles cette activité se modifie.

Il est donc fondamentalement important pour qui s'intéresse à la production, à l'échange, à l'écoulement des marchandises, de posséder certaines connaissances qui relèvent de quelques branches de la science. Les hommes qui, de près ou de loin, ont des rapports avec nos industries (et qui n'en a pas ?) sont intéressés à connaître les propriétés mathématiques, physiques, chimiques des substances, peut-être même quelques-unes des lois de la biologie, et celles de la sociologie très-certainement. Le succès ou l'insuccès qu'on rencontre dans ses efforts pour gagner sa vie — ce qui est une manière indirecte de pourvoir à sa conservation personnelle, — dépend de la connaissance qu'on a de certains faits se rapportant à une ou à plusieurs de ces sciences : connaissance irrationnelle, empirique généralement, mais réelle. Ce que nous appelons apprendre un commerce, c'est, en réalité, sous un nom ou sous un autre, apprendre la science qui s'y rapporte. Les études scientifiques, proprement dites, sont donc d'une extrême importance, parce qu'elles servent de préparation à la vie industrielle et commerciale, et parce que la science raisonnée a une immense supériorité sur la science empirique. Il ne suffit pas de savoir les faits ; quand on est intéressé à la production et à l'échange, il faut savoir le *pourquoi* et le *comment* des choses, les lois de leur enchaînement. Souvent même il faut savoir le *pourquoi*, le *comment* et l'enchaînement d'autres faits encore. Dans ce siècle de sociétés en participation, presque tout le monde, excepté peut-être le paysan, est intéressé, comme capitaliste, dans quelque industrie qui n'est pas la sienne. Souvent, son gain ou sa perte dépend de ses connaissances dans les sciences qui ont des rapports avec cette industrie. Voici, par exemple, une mine de houille dans laquelle des actionnaires se trouvent ruinés ; ils ne l'auraient pas été s'ils avaient su que certains fossiles appartiennent à la couche de granit rouge, au-dessous de laquelle le charbon de terre ne se trouve plus. On a fait de nombreux essais pour construire des machines électro-magnétiques qu'on espérait pouvoir substituer aux machines à vapeur ; si ceux qui ont fourni les fonds avaient connu la loi générale de la corrélation et de l'équivalence des forces, ils n'auraient pas perdu leur argent. Tous les jours, on voit des gens qui se mettent en frais pour appliquer des inventions dont le moindre novice en science pourrait démontrer la futilité. Où ne voit-on pas des fortunes compromises par des essais tentés pour la réalisation de quelque projet impossible !

Or, si déjà les pertes d'argent résultant de l'absence de connaissances scientifiques sont si fréquentes dans notre société, combien elles seront plus fréquentes et plus grandes, à l'avenir, pour ceux qui resteront étrangers à la science ! A mesure que les procédés industriels deviendront plus scientifiques, ce qui doit inévitablement arriver sous l'aiguillon de la concurrence, à mesure que les sociétés en participation se multiplieront, ce qui aura certainement lieu, chacun aura davantage besoin de posséder des connaissances positives.

Ce qui est le plus négligé dans nos écoles, est justement ce dont nous avons le plus besoin dans la vie. Nos industries périraient, sans l'instruction supplémentaire que les hommes acquièrent comme ils peuvent, après que leur éducation est déclarée terminée. Et sans cette instruction accumulée de siècle en siècle, en dehors de l'enseignement officiel, ces industries n'eussent jamais existé. S'il n'y avait jamais eu chez nous d'autre enseignement que celui des écoles publiques, l'Angleterre serait encore ce qu'elle était dans les temps féodaux. Notre science, tous les jours grandissante, des lois qui président aux phénomènes — science qui nous permet d'asservir la nature à nos besoins, et de procurer au paysan, aujourd'hui, des jouissances auxquelles les rois, autrefois, ne pouvaient pas atteindre — n'est due que pour une petite part à nos établissements d'instruction publique. Les connaissances vitales — celles qui ont fait de nous une grande nation, celles sur lesquelles repose notre existence nationale — se sont propagées dans l'ombre et dans des retraites obscures, pendant que nos instituteurs patentés ne faisaient guère autre chose que marmotter des formules.

Nous arrivons à la troisième des grandes divisions de l'activité humaine, division de notre activité, à laquelle nous trouvons que rien ne nous prépare. Si, par aventure, aucun autre vestige de notre civilisation qu'un tas de nos livres classiques, ou bien une liasse de nos compositions de collége, n'arrivait à la postérité, représentons-nous l'étonnement d'un antiquaire de l'avenir, en voyant que rien n'indique, dans ces papiers et dans ces livres, que les élèves qui s'en servaient dussent jamais avoir d'enfants. « Bon! dirait-il, cela devait être un cours d'études pour les célibataires. Je vois qu'on y portait son attention sur beaucoup de choses, particulièrement sur l'intelligence des ouvrages laissés par des peuples qui n'existaient plus, ou appartenant à des peuples qui existaient encore (ce qui semble indiquer que ce peuple n'en avait guère de bons lui-même); mais je ne trouve dans tout cela aucune allusion à l'art d'élever les enfants. Ces gens-là n'eussent pu être assez dénués de sens pour rester étrangers à un sujet qui implique la plus grave des responsabilités. Donc, évidemment, ceci était le cours d'études d'un de leurs ordres monastiques. »

Sérieusement, n'est-ce pas une chose inconcevable que, bien que la vie et la mort de nos enfants, leur perte ou leur avantage moral, dépendent de la façon dont nous les élevons, on n'ait jamais donné dans nos écoles la moindre instruction sur ces matières à des élèves qui demain seront pères de famille? N'est-ce pas une chose monstrueuse que le sort d'une nouvelle génération soit abandonné à l'influence d'habitudes irréfléchies, à l'instigation des ignorants, au caprice des parents, aux suggestions des nourrices, aux conseils des grand'mamans? Si un négociant entrait dans le commerce sans connaître le moins du monde l'arithmétique et la tenue des livres, nous nous récrierions sur sa sottise; nous en prévoirions les désastreuses conséquences. Si, avant d'avoir étudié l'anatomie, un homme prenait en main le bistouri du chirurgien, nous éprouverions de la surprise de son audace et de la compassion pour ses malades. Mais que des parents entreprennent la tâche difficile d'élever des enfants, sans avoir jamais songé à se demander quels sont les principes de l'éducation physique, morale, intellectuelle qui doivent leur servir de guides, cela ne nous inspire ni étonnement à l'égard des pères, ni pitié à l'égard des enfants, leurs victimes !

Les milliers d'êtres humains qui sont tués, les centaines de milliers qui survivent pour traîner des santés affaiblies, les millions qui grandissent avec des constitutions moins fortes qu'elles n'auraient dû l'être, nous donnent l'idée du mal fait par des parents qui ignorent les lois de la vie. Songez que le régime auquel les enfants sont soumis a une influence, soit bonne, soit mauvaise, sur leur avenir tout entier, qu'il y a vingt manières de se tromper et une seule manière de ne pas se tromper, et vous mesurerez l'étendue des misères qu'introduit dans le monde notre système d'éducation hasardé, irréfléchi. On décide qu'un jeune garçon sera vêtu d'une jaquette courte, molle et légère, et qu'il ira jouer ainsi en plein air, avec des membres rougis par le froid. Cette décision exercera une influence sur toute sa vie, soit par la maladie, soit par l'affaiblissement du corps. Tout au moins sera-t-il moins vigoureux dans sa maturité qu'il ne l'eût été, et cette circonstance sera-t-elle un empêchement à ses succès et à son bonheur. Les enfants sont-ils soumis à un régime alimentaire non varié ou trop peu nutritif, ils s'en ressentiront jusqu'à leur dernier jour, et leur activité, comme hommes ou comme femmes, en sera plus ou moins diminuée. Leur défend-on les jeux bruyants ou les empêche-t-on (à cause de leur costume trop léger) de sortir par le froid, ils sont assurés de rester au-dessous de la mesure de force et de santé à laquelle la nature les avait destinés. Quand leurs fils et leurs filles deviennent faibles et maladifs, les parents appellent cela un malheur, une épreuve que leur envoie la Providence. Le chaos qui règne dans leurs têtes, comme dans celles des autres, leur fait supposer que les effets se produisent sans cause, ou par des causes surnaturelles. Il n'en est rien. Dans certains cas, sans doute, ces causes sont transmises par hérédité ; mais le plus souvent elles se trouvent dans d'absurdes pratiques suivies à l'égard des enfants. La responsabilité de tant de souffrance, de faiblesse, d'abattement, de misère, incombe, en général, aux parents. Ils se sont chargés de contrôler, heure par heure, tout ce qui se rapporte à l'existence de leurs rejetons, et, par une légèreté cruelle, ils ont négligé de s'instruire de ces lois du développement vital, qu'ils contrarient incessamment par leurs ordres et par leurs défenses. Dans leur complète ignorance des premières lois physiologiques, ils ont miné jour par jour la constitution de leurs enfants, et ils ont ainsi infligé d'avance la maladie, la mort prématurée, non seulement à ces enfants eux-mêmes, mais à leurs descendants.

Les funestes effets de l'ignorance nous apparaissent aussi grands dans l'éducation morale que dans l'éducation physique. Voyez la jeune mère et la législation qu'elle établit dans la chambre de la nourrice. Il y a quelques années à peine, cette jeune femme était sur les bancs de l'école, où l'on bourrait sa mémoire de mots, de noms, de dates, et où sa faculté de réflexion n'était exercée que dans la plus faible mesure. Là, on ne lui a pas donné la moindre idée de la manière de se conduire envers un esprit naissant ; là, l'éducation qu'elle a reçue, la discipline à laquelle on l'a soumise, n'étaient pas propres à la mettre en état d'en faire elle-même la découverte. Les années suivantes ont été consacrées à l'étude de la musique, aux ouvrages de broderie, à la lecture des romans et aux plaisirs du monde. On n'a jamais appelé sa pensée sur les graves responsabilités de la maternité ; on ne lui a guère donné cette solide culture intellectuelle qui eût pu la préparer à porter ces responsabilités. Voyez-la donc maintenant aux prises avec un caractère qui se développe, et dont le développement lui est confié ! Voyez son ignorance profonde des phénomènes auxquels elle a affaire, et comme elle intervient aveuglément dans des faits auxquels on ne saurait toucher d'une main sûre, possédât-on la science la plus haute ! Elle ne sait rien de la nature des émotions, de l'ordre qui préside à leur évolution, de leurs fonctions, du point précis où elles cessent d'être salutaires pour devenir nuisibles ; elle croit qu'il existe des sentiments absolument mauvais, ce qui n'est vrai d'aucun sentiment ; elle croit qu'il existe des sentiments absolument bons, à quelque degré qu'on les porte, ce qui est encore une erreur. Ne connaissant pas l'organisme qu'elle a devant elle, elle ne connaît pas davantage l'influence que peut exercer sur cet organisme tel ou tel traitement. Quoi de plus inévitable que les résultats désastreux dont nous sommes journellement témoins? Ignorant, comme elle les ignore, les phénomènes mentaux, leurs causes et leurs effets, son intervention est souvent plus nuisible que ne l'eût été son abstention absolue. Elle gêne à tout moment le jeu régulier, bienfaisant, des facultés chez son enfant, nuisant, par là, à son bonheur, à son avenir, gâtant son caractère comme elle gâte le sien propre, et s'aliénant son affection. Elle le porte, par des motifs tirés de la crainte, de l'intérêt et de l'orgueil, aux actions qu'elle croit utile d'encourager, s'embarrassant peu du mobile, pourvu que l'acte extérieur soit conforme à son idée du bien, et développant ainsi l'hypocrisie, la couardise, l'égoïsme, au lieu des bons sentiments. Tandis qu'elle préconise la sincérité, elle lui donne constamment l'exemple du mensonge en proférant des menaces qu'elle n'exécute pas. Tandis qu'elle lui prêche la domination sur soi-même, elle le gronde avec humeur pour des choses qui ne le méritent point. Elle ne se doute pas de cette vérité que, dans la chambre de la nourrice comme dans le monde, la seule discipline salutaire, c'est l'expérience des conséquences, bonnes ou mauvaises, agréables ou pénibles, qui découlent naturellement de nos actes. Dépourvue de toute lumière théorique, incapable de se guider elle-même par l'observation des faits de développement qui s'accomplissent chez son enfant, la jeune mère suit l'impulsion du moment d'une manière légère et funeste. Le gouvernement maternel serait presque toujours désastreux, n'était que la tendance supérieure du jeune esprit à revêtir le type moral de la race, est ordinairement victorieuse de toutes les influences secondaires.

Et maintenant l'éducation intellectuelle n'est-elle pas conduite de la même manière? Si vous accordez que l'esprit humain a des lois, et que l'évolution de l'intelligence chez l'enfant s'y conforme, il s'ensuit que l'éducation ne peut pas être bien dirigée sans la connaissance de ces lois. Supposer que vous pourrez régler la formation et l'accumulation des idées, sans savoir comment les idées se forment, est une absurdité. Combien l'enseignement, tel qu'il est, différera donc de l'enseignement tel qu'il devrait être, quand il n'y a presque point de parents et si peu de maîtres qui sachent la moindre chose en psychologie! Comme on peut s'y attendre, le système établi est gravement défectueux dans le fond et dans la forme. Pendant qu'on passe sous silence les choses essentielles, on impose à l'esprit ce qui lui est mauvais, et on le lui impose dans un ordre plus mauvais encore. Sous l'empire de cette idée étroite qui fait qu'on voit l'éducation tout entière dans l'étude des livres, les parents mettent les abécédaires dans les mains des enfants des années trop tôt. Faute de reconnaître cette vérité, que l'usage des livres est supplémentaire, qu'ils sont un moyen indirect d'apprendre, quand le moyen direct nous manque — un moyen de voir par les yeux des autres, quand nous ne pouvons pas voir par nos propres yeux, — nos éducateurs sont toujours prêts à nous donner des faits de seconde main, au lieu de nous faire acquérir des faits de première main. Faute de comprendre l'immense valeur de cette éducation spontanée, qui est le fruit de nos premiers ans ; faute de voir que l'observation incessante à laquelle se livre l'enfant, loin d'être méconnue ou gênée, doit être diligemment secondée et rendue aussi exacte, aussi complète que possible, ils s'obstinent à occuper ses yeux et son esprit d'idées et de choses qui, à cette époque de la vie, sont inintelligibles et répugnantes. Possédés de cette superstition qui fait qu'on adore les symboles de la science au lieu de la science elle-même, ils ne voient pas que ce n'est que lorsque les objets renfermés dans la maison, dans la rue, dans le jardin, et que les procédés qu'on y suit, seront à peu près épuisés, qu'il faudra ouvrir dans les livres de nouvelles sources d'information à l'enfant : et cela, non-seulement parce que la connaissance immédiate est préférable à la connaissance médiate, mais aussi parce que les mots que renferment les livres ne peuvent faire naître des idées qu'en proportion de l'expérience acquise des choses. Remarquez ensuite que cette instruction de formules est commencée bien trop tôt et dirigée sans égard aux lois de notre développement mental. Notre esprit marche nécessairement du concret à l'abstrait. Sans avoir égard à ce fait, des études abstraites, comme la grammaire, qui devraient venir à la fin des études, sont placées au commencement. La géographie politique, chose morte et sans intérêt pour un enfant, qui devrait être un appendice de la sociologie, est commencée de bonne heure, tandis que la géographie proprement dite, chose intelligible et comparativement agréable pour lui, est à peu près négligée. Presque tous les sujets abordés le sont dans un ordre anormal, les définitions, les règles et les principes étant posés d'abord, au lieu d'être dévoilés peu à peu à son esprit, comme ils doivent l'être naturellement par l'observation des cas. Puis, au fond de tout le système, il y a l'enseignement qui consiste à faire apprendre par cœur, par routine, qui sacrifie l'esprit à la lettre. Enfin, on émousse les perceptions de bonne heure par le soin qu'on prend de contrecarrer la nature et de forcer l'attention de l'élève à se porter sur les livres; on jette la confusion dans son esprit en voulant y faire entrer des choses qu'il ne peut recevoir et en lui présentant les généralisations avant les faits; on fait de l'élève un récipient pour les idées des autres, au lieu d'en faire un chercheur actif de faits et d'idées; on surmène à l'excès son cerveau; et l'on arrive à ce résultat que fort peu d'intelligences produisent ce qu'elles pourraient donner.

Les examens une fois passés, on met de côté les livres. Les notions acquises, faute d'être organisées et coordonnées, se perdent vite, et ce qu'il en reste est presque toujours à l'état inerte, parce qu'on n'a pas cultivé l'art d'appliquer ses connaissances, et qu'on n'a pas développé en soi la puissance d'observer avec exactitude et de penser par soi-même. Ajoutez à cela que, tandis qu'une grande partie des choses qu'on apprend sont relativement de peu de valeur, une masse de connaissances souverainement importantes à acquérir, sont complétement négligées.

Les faits sont donc tels que nous aurions pu l'inférer *a priori* : l'éducation physique, morale, intellectuelle de l'enfance, est terriblement défectueuse; et elle est en grande partie telle, parce que les parents sont étrangers à la science, qui, seule, pourrait les éclairer dans cette œuvre. Qu'attendre quand on voit entreprendre la solution d'un des problèmes les plus compliqués qui existent par des personnes qui n'ont jamais songé à s'enquérir des principes sur lesquels cette solution repose ? Il faut un long apprentissage pour faire un soulier, pour bâtir une maison, pour manœuvrer un navire, pour conduire une locomotive. Croit-on que le développement corporel et intellectuel d'un être humain soit chose comparativement si simple, que la première personne venue puisse y présider, sans aucune étude préalable ? S'il n'en est pas ainsi, si l'on accorde que le processus de ce développement est, à une seule exception près, le plus complexe qui existe dans la nature, et si la tâche de le seconder est d'une extrême difficulté, n'est-ce pas une folie que de ne point préparer l'homme à l'accomplissement de cette tâche? Mieux vaudrait sacrifier l'acquisition des talents que d'omettre cette préparation absolument nécessaire. Quand un père, qui a agi d'après de faux principes adoptés sans examen, s'est aliéné l'affection de ses fils, les a poussés par sa sévérité à la révolte, à la ruine morale, et a fait son propre malheur, il pourrait, ce semble, faire cette réflexion: que l'étude de l'éthologie eût mieux valu pour lui que celle d'Eschyle. Quand une mère pleure son premier-né qui a succombé aux suites de la fièvre scarlatine, et qu'un médecin sincère lui dit, ce qu'elle soupçonne déjà, que son enfant aurait guéri si sa constitution n'avait pas été d'avance affaiblie par l'abus de l'étude; quand elle est écrasée sous le double poids de la douleur et du remords, c'est une bien faible consolation pour elle que de pouvoir lire le Dante dans l'original.

Nous voyons ainsi que, pour régler l'activité humaine dans la troisième de ses grandes divisions, la chose nécessaire est une certaine connaissance des lois de la vie. Il est indispensable de connaître les premiers principes de la physiologie, et les vérités élémentaires de la psychologie, si l'on veut élever convenablement les enfants. Nous sommes certain d'avance que cette assertion sera accueillie par un sourire. Demander que les parents acquièrent des connaissances si cachées, semblera d'abord absurde. Certainement, si l'on exigeait de tous les pères et mères des connaissances approfondies en ces matières, on tomberait visiblement dans l'absurdité. Ce n'est pas là notre prétention. Il suffira d'inculquer aux élèves les principes généraux, en les accompagnant de quelques exemples pour en faciliter l'intelligence; et ils pourront être enseignés d'une façon dogmatique, si on **ne** peut les enseigner d'une façon rationnelle. Quoi qu'il en soit, voici les faits qui sont irrécusables : le développement physique et intellectuel des enfants est soumis à des lois; si les parents ne se conforment pas du tout à ces lois, la mort est inévitable; s'ils ne s'y conforment que dans une certaine mesure, il en résulte de sérieux défauts corporels et moraux; ce n'est que lorsqu'ils s'y conforment entièrement que les enfants parviennent à la maturité parfaite. Jugez donc si tous ceux qui seront un jour pères, ne doivent pas s'efforcer ardemment d'apprendre ces lois.

Passons de la fonction paternelle à la fonction du citoyen. Demandons-nous ici quel est le genre de connaissances qui rend un homme apte à remplir cette fonction. On ne peut pas dire qu'on omette absolument dans l'éducation le genre d'instruction qui s'y rapporte, car les cours des colléges comprennent certaines études qui ont, du moins de nom, certain rapport avec les devoirs sociaux et politiques. Parmi ces études, la seule à laquelle on accorde une place importante, c'est l'histoire.

Mais, ainsi que nous l'avons déjà indiqué, les notions qu'on donne, sous cette dénomination, à la jeunesse, sont absolument sans valeur comme guides dans la vie. Les faits rapportés dans nos livres d'histoire à l'usage des colléges, et ceux contenus dans les ouvrages plus sérieux écrits pour les adultes, ne mettent presque pas en lumière les vrais principes de l'action politique. Les biographies des souverains (et nos enfants n'apprennent guère autre chose) ne jettent pas beaucoup de lumière sur la science sociale. Savoir par cœur les intrigues de cour, les complots, les usurpations qui ont eu lieu, et autres choses semblables, avec tous les noms des personnages qui y ont été mêlés, cela ne nous apprend pas grand'chose sur les causes du progrès des nations. Nous lisons qu'il y a eu à telle époque une contestation pour le pouvoir, et que cette contestation a amené une bataille rangée ; que les généraux et leurs lieutenants se nommaient tels et tels ; qu'ils avaient chacun tant de mille hommes d'infanterie, tant de mille hommes de cavalerie et tant de canons; qu'ils ont disposé leurs troupes dans tel et tel ordre ; qu'ils ont manœuvré, attaqué, reculé, de certaine manière; qu'à telle heure de la journée ils ont éprouvé tel échec ou gagné tel avantage ; que, dans un certain mouvement, un général a été tué et un régiment décimé; qu'après toutes les péripéties du combat, la victoire a été remportée par l'une ou l'autre armée; enfin qu'il y a eu tant d'hommes tués, tant de blessés et tant de faits prisonniers. Dans tous les détails accumulés qui composent le récit, s'en trouve-t-il un seul qui puisse vous aider à vous diriger en tant que citoyen? Supposez que vous ayez lu avec soin, non-seulement *Les Quinze Batailles Décisives qui ont été livrées dans le Monde,* mais le récit de toutes les autres batailles que mentionne l'histoire, votre vote aux élections prochaines en sera-t-il plus judicieux? Mais ce sont là des faits, des faits intéressants, dites-vous. Sans doute, ce sont des faits (si toutefois ce ne sont pas en tout ou en partie des fictions), et, pour beaucoup d'esprits, ils peuvent être intéressants. Mais cela n'implique nullement qu'ils soient utiles à connaître. Une opinion factice ou morbide peut prêter de la valeur à des choses qui n'en ont presque point. Un *tulipomane* ne donnerait pas un oignon de tulipe rare pour son poids d'or. Il y a des gens pour qui une vilaine pièce de porcelaine ancienne, fêlée, est une richesse désirable; il y en a d'autres qui paient chèrement les reliques d'un assassin. Dira-t-on que ces goûts donnent la mesure de la valeur réelle de leur objet? Non, sans doute; on admettra donc que le plaisir qu'on peut trouver dans le récit de certains faits d'histoire ne prouve point leur valeur, et que, pour nous rendre compte de ce que cette valeur peut être, ici comme ailleurs, il faut nous demander à quel usage ces connaissances sont applicables. Si quelqu'un venait vous apprendre que le chat de votre voisin a fait ses petits hier, vous diriez que la connaissance de ce fait est pour vous sans valeur. Bien que ce soit un fait, vous estimeriez que c'est un fait inutile; un fait qui ne peut en aucune manière influencer votre conduite; un fait qui ne vous aidera en rien à parvenir à la plénitude de la vie. Eh bien! soumettez à la même épreuve la grande masse des faits dits historiques, vous arriverez à la même conclusion. Ce sont des faits dont on ne peut rien tirer; des faits non susceptibles d'*organisation*; des faits, par conséquent, qui ne peuvent point servir à établir nos principes de conduite, ce qui est la principale utilité de la connaissance des faits. Lisez-les, si vous voulez, pour votre amusement; mais ne vous flattez pas d'y trouver une source d'instruction.

Ce qui constitue l'histoire véritable, est presque complétement omis dans les ouvrages sur cette matière. Ce n'est que depuis quelques années que les historiens ont commencé à nous donner, dans une certaine mesure, le genre d'instruction qui peut vraiment être utile. De même que, dans les siècles passés, le roi était tout, le peuple rien, dans les vieux livres d'histoire, les actions des rois forment le tableau, et la vie nationale le vague arrière-plan. De nos jours seulement, où le bien des gouvernés est devenu, beaucoup plus que l'avantage des gouvernants, l'idée dominante, les historiens se sont mis à étudier les phénomènes du progrès social. Ce qu'il nous importe réellement de connaître, c'est l'*histoire naturelle* de la société. Nous avons besoin de savoir tous les faits qui peuvent nous aider à comprendre comment une nation a grandi et s'est organisée. Parmi ces faits, plaçons un récit de son gouvernement, dans lequel nous devrons faire entrer aussi peu de commérages que possible sur les hommes qui ont exercé ce gouvernement, et autant de détails que nous pourrons sur sa constitution, sur les principes, les méthodes, les préjugés, les corruptions qu'il accuse : et que ce récit comprenne non-seulement ce qui se rapporte à la nature et au jeu du gouvernement central, mais aussi tout ce qui a trait aux gouvernements locaux jusque dans leurs dernières subdivisions. Ayons aussi, cela va sans dire, une description parallèle du gouvernement ecclésiastique, — de son organisation, sa conduite, son degré de pouvoir, ses rapports avec l'État, et, avec cela, du cérémonial du culte, du *Credo*, des idées religieuses; non-seulement de celles auxquelles on a cru nominalement, mais de celles auxquelles on a cru réellement et qui ont servi aux hommes de règle d'action. Sachons aussi quelle a été la domination exercée par certaines classes sur certaines autres, ce dont rendent témoignage les étiquettes sociales, les titres, les salutations, les formules employées dans les lettres et dans les discours. Sachons encore les usages populaires, suivis tant dans la famille qu'entre personnes étrangères les unes aux autres; y compris ceux qui touchent aux relations des deux sexes, et à celles des parents avec les enfants. Les superstitions courantes, depuis les mythes les plus importants jusqu'aux charmes en usage chez les simples, devront être rapportées. Il faudrait ensuite connaître, d'une façon générale, le système industriel de la nation ; ce qui nous apprendrait à quel degré régnait chez elles la méthode de la division du travail, les règlements en vigueur dans l'industrie ; si les producteurs formaient des castes, des corporations, ou s'ils étaient isolés; quelles étaient les relations de patron à employé; par quelles voies les produits se trouvaient mis en circulation ; quels étaient les moyens de communication, et quel était le signe représentatif des valeurs. Avec tout cela, il faudrait rendre compte de l'état des arts industriels au point de vue technique, en indiquant les procédés suivis et la qualité des produits. Ensuite, il faudrait dépeindre l'état intellectuel de la nation à ses différents stages ; non-seulement en ce qui touche aux exigences, chez elle, de l'éducation, mais par rapport aux progrès qu'elle a faits dans les sciences et à sa manière de penser. Il faudrait montrer ce qu'était son degré de culture esthétique, dans son architecture, sa peinture, sa sculpture, sa musique, son vêtement, sa poésie et ses fictions. On ne devrait pas omettre le tableau de sa vie journalière, mais dire ce qu'étaient chez le peuple les maisons, la nourriture, les plaisirs. Enfin, comme servant de lien à tout cet ensemble de faits, on aurait à donner un exposé de sa morale théorique et pratique dans toutes les classes, telle qu'elle ressort de la législation, des usages, des proverbes et des actions. Ces faits devraient être rapportés aussi brièvement que le permet le soin de la clarté et de l'exactitude, groupés et arrangés de façon à pouvoir être embrassés dans leur ensemble, et considérés comme parties corrélatives d'un tout. Le but à poursuivre, c'est que l'étudiant puisse saisir de suite l'harmonie qui existe entre eux, afin qu'il apprenne à connaître quel est le phénomène qui coexiste avec tel autre. Le tableau des siècles successifs doit être disposé de façon à ce que l'on voie comment les croyances, les institutions, les usages, les arrangements sociaux, se sont modifiés, et comment l'harmonie d'un édifice social s'est fondue dans l'harmonie d'un autre édifice qui lui a succédé. Voilà les notions du passé qui peuvent servir au citoyen à diriger sa conduite. La seule histoire qui ait une valeur pratique, pourrait s'appeler *sociologie descriptive*; et le meilleur service que l'historien puisse nous rendre, c'est de raconter la vie des nations de telle façon qu'il nous fournisse des matériaux de *sociologie comparée*, afin qu'on puisse ensuite déterminer les lois fondamentales qui président aux phénomènes sociaux.

Remarquez maintenant que, même en supposant

qu'on puisse arriver à posséder une somme suffisante de connaissances historiques ayant une véritable valeur, elles seront de peu d'usage si l'on n'en possède pas la clef. La clef, c'est la science seule qui nous la donne. Sans les généralisations de la biologie et de la psychologie, il est impossible d'avoir l'explication rationnelle des phénomènes sociaux. On ne comprendrait même pas les plus simples faits de la vie sociale, comme, par exemple, le rapport entre l'offre et la demande, si l'on n'avait jamais fait quelques observations grossières, empiriques, sur la nature humaine. Et si l'on ne peut atteindre aux vérités sociologiques les plus élémentaires sans savoir comment l'homme pense et sent dans des circonstances données, il est clair qu'on n'arrivera point à l'intelligence de la sociologie tout entière, si l'on ne connaît à fond l'homme avec toutes ses facultés corporelles et mentales. Considérez le sujet au point de vue abstrait, cette conclusion ressortira d'elle-même. Voici la proposition : la société est composée d'individus ; tout ce qui s'accomplit dans la société est le résultat d'actions individuelles combinées ; ce n'est donc que dans la direction de l'action particulière qu'on peut trouver la solution des phénomènes sociaux. Mais les actions des individus se rapportent aux lois de leur nature, et ces actions ne peuvent être comprises que si l'on connaît ces lois. Réduites à leur plus simple expression, ces lois sont les corollaires de celles qui président à la vie du corps et de l'esprit en général. Il en résulte que la biologie et la psychologie sont les interprètes indispensables de le sociologie. Pour formuler cette conclusion d'une façon plus simple encore, nous dirons : tous les phénomènes sociaux sont les phénomènes de la vie ; les manifestations les plus complexes de la vie doivent se conformer aux lois de la vie, et ne peuvent être comprises que par ceux qui connaissent ces lois. Ainsi donc, tout ce qui touche à la direction de l'activité humaine, dans la quatrième de ses divisions, relève de la science. De tout ce qu'on enseigne communément dans les cours d'études, bien peu de chose peut servir à guider l'homme dans sa conduite de citoyen. Une petite partie seulement de l'histoire, telle qu'on l'écrit, peut avoir pour lui une utilité pratique, et rien ne le prépare, dans l'éducation qu'il reçoit, à en faire un utile usage. Il lui manque non-seulement les matériaux, mais même l'idée de la sociologie descriptive ; et il lui manque aussi ces généralisations des sciences organiques sans lesquelles la sociologie descriptive elle-même lui serait de peu de secours.

Nous arrivons maintenant à cette dernière division de l'activité humaine qui comprend les récréations, les amusements propres à remplir nos heures de loisir. Après avoir examiné quelle est l'éducation qui convient le mieux à notre conservation et à l'entretien de notre vie, à l'accomplissement de nos devoirs paternels, à la direction de notre conduite sociale et politique, examinons quelle est celle qui convient le mieux aux objets divers qui ne sont point compris dans ceux-ci : à nos jouissances littéraires, artistiques, sous toutes les formes, ainsi qu'à celles que nous tirons du spectacle de la nature. Comme nous les mettons après les choses qui intéressent d'une façon plus vitale le progrès humain, et comme nous avons ramené toute chose au *criterium* de la valeur pratique, on en inférera peut-être que nous faisons peu de cas de ces objets secondaires. C'est une grande erreur. Autant que qui que ce soit, nous attachons du prix à la culture esthétique et aux plaisirs qui en découlent. Sans la peinture, la sculpture, la musique, la poésie et les émotions produites par les beautés naturelles de toute espèce, la vie perdrait la moitié de son charme. Ainsi, loin de regarder l'éducation du goût et les jouissances qu'elle procure comme dépourvues d'importance, nous croyons que ces jouissances occuperont dans l'avenir beaucoup plus de place qu'elles n'en occupent à présent dans la vie de l'homme. Quand les forces de la nature nous seront mieux asservies ; quand les moyens de production seront perfectionnés ; quand le travail humain pourra être au dernier point ménagé ; quand l'éducation aura été si bien organisée, que la préparation aux fonctions les plus essentielles de l'activité humaine pourra être obtenue d'une façon relativement prompte ; et quand, par conséquent, l'homme aura plus de temps libre à sa disposition, alors, le beau dans l'art et dans la nature viendra occuper, à bon droit, une large place dans tous les esprits.

Mais ce n'est pas la même chose d'approuver la culture esthétique comme conduisant, dans une grande mesure, l'homme au bonheur, ou d'admettre qu'elle est fondamentalement nécessaire à ce bonheur. Quelque importante qu'elle puisse être, elle doit céder le pas à ces sortes de cultures qui ont un rapport direct avec les devoirs journaliers de la vie. Comme nous l'avons déjà dit, la littérature et les beaux-arts ne peuvent exister qu'en vertu des activités qui font que la vie sociale existe ; et il est manifeste que la chose rendue possible vient après la chose qui la rend possible. Un horticulteur cultive une plante pour sa fleur, et il attache du prix aux feuilles et aux racines, parce qu'elles sont les agents de la production de la fleur. Mais, pendant qu'il considère la fleur comme le produit auquel tout est subordonné, le jardinier sait que les feuilles et les racines sont en elles-mêmes d'une plus grande importance, parce que d'elles dépend toute l'évolution de la fleur. Il donne tous ses soins à la santé de la plante, et il comprend que ce serait folie de négliger la plante s'il veut obtenir la fleur. Il en est de même dans le cas qui nous occupe. L'architecture, la sculpture, la peinture, la musique, la poésie, tout cela peut être appelé la floraison de la vie civilisée. Mais, en supposant même qu'elles soient d'une valeur si supérieure, que la vie civilisée qui les produit doive leur être subordonnée tout entière (ce qu'on ne saurait guère prétendre), on devra toujours admettre qu'une civilisation saine est la première chose nécessaire, et que l'éducation qui y conduit doit occuper le plus haut rang.

Ici, nous apercevons distinctement le vice de notre système d'éducation. On y néglige la plante pour ne songer qu'à la fleur. Le souci de l'élégance fait oublier la substance. Tandis qu'on n'y enseigne rien de ce qui mène à la conservation personnelle; qu'on n'y donne que les notions les plus élémentaires sur les choses qui permettent à l'homme de gagner sa vie et qu'il doit apprendre ces choses plus tard, çà et là, comme il peut; tandis qu'on n'y introduit pas la plus petite étude préparatoire à l'accomplissement des devoirs paternels, et que, pour ce qui se rapporte aux devoirs de citoyen, on nous donne pour préparation la connaissance d'une masse de faits pour la plupart sans portée et les autres sans clef, on consacre d'autre part tous ses soins à l'enseignement des choses qui peuvent ajouter à la vie des raffinements, du poli, de l'éclat. Si pleinement que nous admettions que la connaissance des langues modernes a son prix, parce qu'elle donne un certain avantage dans le monde par la facilité de lire les originaux, de converser avec les étrangers, de voyager, il ne s'ensuit pas qu'on doive l'acheter aux dépens des connaissances qui sont d'une importance vitale. En supposant qu'il soit vrai que l'éducation classique donne un style élégant et correct, on ne peut pas dire que l'élégance et la correction du style soient choses aussi utiles à posséder que les principes qui peuvent nous conduire à élever nos enfants. Accordons que la lecture des anciens poëtes, de ceux qui ont écrit dans les langues mortes, peut servir à former le goût en inférera-t-on que le perfectionnement du goût vaut la connaissance des lois de l'hygiène? Les talents, les beaux-arts, les belles-lettres, toutes ces choses qui constituent, comme nous le disons, la floraison de la civilisation, doivent être entièrement subordonnées à l'instruction, à la discipline, sur lesquelles la civilisation repose. Dans l'éducation, de même que dans la vie, elles doivent remplir les heures de loisir.

Ayant ainsi déterminé le rang de l'esthétique, et ayant avancé que, si sa culture doit dès le début faire partie de l'éducation, cette culture doit être subsidiaire, nous allons chercher maintenant quelles sont les connaissances qui nous mènent le mieux au but et qui ont le plus de rapports avec cette sphère d'activité. La réponse à cette question est la même qu'aux questions précédentes. Si inattendue que l'assertion puisse être, il n'en est pas moin vrai que l'art le plus élevé est, dans toutes ses branches, fondé sur la science; que, sans la science, il n'y a ni productions parfaites, ni appréciation complète de ces productions. Il se peut que des artistes en grand renom n'aient pas possédé la science dans l'acception limitée que les gens du monde donnent à ce mot; mais, fins observateurs comme ils étaient, ils possédaient toujours une certaine provision de ces généralisations empiriques qui constituent la science à ses débuts; et, s'ils sont ordinairement restés au-dessous de la perfection artistique, c'est que leurs généralisations étaient trop peu nombreuses et trop peu exactes. Il devient, *a priori*, manifeste que la science est cachée sous l'art, quand nous nous rappelons que les productions artistiques sont plus ou moins la représentation des phénomènes objectifs ou subjectifs; qu'elles ne peuvent être bonnes que dans la mesure où elles sont conformes aux lois de ces phénomènes, et que, pour qu'elles s'y conforment, il faut que l'artiste les connaisse. Nous verrons bientôt que cette conclusion *a priori* s'accorde avec l'expérience.

Les jeunes gens qui apprennent la statuaire ont à faire connaissance avec les os et les muscles du corps humain, à savoir comment ils sont disposés, quels sont leurs attaches et leurs mouvements. C'est une partie de la science; et l'on a jugé nécessaire de la leur faire acquérir, pour prévenir les erreurs dans lesquelles tombent les sculpteurs qui ne la possèdent pas. Il faut aussi qu'ils connaissent les principes de la mécanique; et, parce qu'ils ne les connaissent, en général, point, ils commettent souvent de lourdes fautes à ce point de vue. Prenez un exemple : pour qu'une statue se tienne debout, il faut que la ligne verticale passant par le centre de gravité, la ligne droite, comme on dit, tombe sur la base du support; et de là vient que, lorsqu'un homme prend l'attitude dite *au repos*, attitude dans laquelle une des deux jambes est roidie et l'autre est souple, la ligne de direction tombe au milieu du pied de la jambe roidie. Mais les sculpteurs qui ne sont pas familiers avec la théorie de l'équilibre, représentent souvent cette attitude de telle sorte, que la ligne de direction tombe entre les deux pieds. L'ignorance, au sujet de la loi du mouvement de déambulation, conduit à des méprises du même genre : témoin la statue admirée de Discobule, qui, posée comme elle l'est, tomberait inévitablement en avant si le disque en était détaché.

Dans la peinture, le besoin de connaissances scientifiques, sinon rationnelles, du moins empiriques, est encore plus évident. D'où vient que les peintures chinoises sont grotesques, si ce n'est de ce que les Chinois ignorent les lois de la vraisemblance, que leur perspective linéaire est absurde et leur perspective aérienne nulle? Pourquoi les dessins d'un enfant sont-ils si fautifs, si ce n'est par l'absence de vérité, absence qui provient de son ignorance au sujet de la manière dont l'aspect des objets varie avec les conditions dans lesquelles ils se présentent à nos yeux? Rappelez-vous seulement les livres et les conférences au moyen desquels on instruit les élèves ; considérez la critique de Ruskin et les œuvres des Pré-Raphaélites, et vous verrez que le progrès, dans l'art de la peinture, implique la connaissance croissante de la manière dont les effets se produisent dans la nature. L'observation la plus assidue, si elle n'est pas aidée par la science, ne préservera pas un peintre de l'erreur. Tout peintre accordera que, s'il ne savait pas d'avance de quelle façon l'aspect des objets doit varier dans des conditions données, il ne le verrait souvent pas ; et savoir que les choses doivent revêtir des apparences, c'est, jusqu'à un certain point, connaître la science des apparences. Faute de science, M. J. Lewis, tout peintre soigneux qu'il est, projette l'ombre d'une persienne en lignes nettement accusées sur la muraille en face : ce qu'il n'eût point fait, s'il eût été familier avec le phénomène de la pénombre. Faute de science, M. Rosetti, ayant remarqué une iridescence particulière produite par certaines surfaces chevelues sous certains rayons de lumière (iridescence dont la cause est la diffraction de la lumière en passant entre les cheveux), commet l'erreur de représenter cette iridescence sur des surfaces et dans des cas où elle ne peut point se produire.

Nous causerons plus de surprise encore en disant que la musique, elle aussi, a besoin du secours de la science. Cependant, on peut prouver que la musique n'est que l'expression idéalisée des émotions, et qu'en conséquence, elle est bonne ou mauvaise selon qu'elle se conforme ou non aux lois de l'expression naturelle. Les diverses inflexions de la voix humaine qui expriment les sentiments variés de l'homme et leurs degrés d'intensité, sont les germes de la musique.

Il peut être démontré que ces inflexions et ces cadences ne sont point l'effet du hasard et du caprice, mais qu'elles sont déterminées par certaines lois générales, qui président aux actes vitaux, et que c'est pour cela qu'elles sont expressives. Il s'ensuit que les phrases musicales et les mélodies construites sur la base qu'elles offrent, ne peuvent produire d'effet que lorsqu'elles sont en harmonie avec ces lois générales. Il est difficile de donner ici des exemples à l'appui de ce que nous avançons. Mais peut-être suffira-t-il de signaler ce torrent de ballades sans valeur qui envahit nos salons, pour donner un échantillon des compositions que la science ne tolérerait pas. Ces chants pèchent contre la science, parce qu'ils revêtent de la forme de la musique des idées qui ne sont pas assez émotionnelles pour engendrer l'expression musicale. Ils pèchent aussi contre elle, parce que leurs phrases musicales n'ont pas de relations naturelles avec les idées exprimées, ces idées fussent-elles émotionnelles. Ils sont mauvais, parce qu'ils ne sont point vrais; et dire qu'ils ne sont point vrais, c'est dire qu'ils ne sont point scientifiques.

La même chose existe en poésie. De même que la musique, la poésie prend sa source dans ces modes naturels d'expression qui accompagnent les sentiments profonds. Son rhythme, ses fortes et nombreuses tropes, ses hyperboles, ses inversions violentes, tout cela n'est que l'exagération des formes naturelles d'un langage passionné. Donc, pour être bonne, la poésie doit avoir égard à ces lois de l'action nerveuse auxquelles obéit le discours passionné. En donnant aux caractères de ce discours plus d'intensité, elle doit garder la loi de proportion. Elle ne doit pas employer ses moyens sans restriction, mais elle doit ménager l'expression poétique quand les idées sont moins émotionnelles ; l'employer plus librement, à mesure que l'émotion croît et la déployer tout entière quand l'émotion arrive à son comble. Si elle n'obéit pas à ces lois, elle devient ampoulée et n'est plus que rimaille. Dans la poésie didactique, on sent qu'elles ne sont pas suffisamment respectées. Et c'est parce qu'elles le sont **rarement** d'une façon absolue qu'il y a tant de poésies contraires à l'esprit de l'art.

Non-seulement l'artiste, en quelque genre que ce soit, ne peut produire une œuvre vraie sans connaître les lois des phénomènes qu'il veut représenter, mais encore doit-il comprendre la manière dont l'esprit du spectateur ou de l'auditeur sera affecté par son œuvre, ce qui est une question de psychologie. L'impression produite par une œuvre d'art, dépend évidemment de la nature mentale de ceux à qui elle est présentée ; et comme toutes les natures mentales ont certains caractères communs, il en résulte certains principes généraux correspondants, qui doivent servir de règle à toute œuvre d'art réussie. Ces règles ne peuvent être parfaitement comprises et appliquées que si l'artiste sait comment elles procèdent des lois de l'esprit humain. Demander si la composition est bonne dans un tableau, c'est, en réalité, demander comment les perceptions et les sentiments des spectateurs en seront affectés. Demander si un drame est bien construit c'est demander si les situations sont arrangées de manière à fixer l'attention de l'auditoire, et à n'abuser d'aucune espèce de sentiment. De même, dans l'arrangement des parties principales d'un poëme, dans la combinaison des mots d'une simple phrase, le succès dépend de l'habileté avec laquelle les forces mentales et la sensibilité du lecteur sont ménagées. Les artistes, dans le cours de l'éducation et de la vie, finissent par accumuler dans leur esprit un certain nombre de maximes qui les guident dans l'exécution de leurs ouvrages. Remontez à la source de ces maximes, vous la trouverez inévitablement dans les lois psychologiques. Ce n'est que lorsque les artistes connaîtront ces lois et leurs divers corollaires qu'ils pourront produire des œuvres en parfaite harmonie avec elles.

Nous ne croyons certainement pas que la science puisse faire un artiste. Quand nous prétendons que celui-ci doit comprendre les grandes lois des phénomènes objectifs et subjectifs, nous ne prétendons point que la connaissance de ces lois suppléera chez lui aux perceptions naturelles. On naît artiste, comme on naît poëte, et l'on ne devient ni l'un ni l'autre par éducation. Ce que nous affirmons, c'est que les facultés innées ne dispensent pas l'artiste de s'appuyer sur la science organisée. L'intuition est beaucoup, mais elle n'est pas tout. Ce n'est que lorsque le génie s'allie à la science qu'on peut parvenir au plus haut résultat.

Comme nous l'avons dit plus haut, la science est nécessaire, non-seulement pour produire, mais pour apprécier les œuvres d'art. Pourquoi un homme fait est-il plus capable qu'un enfant d'apprécier les beautés d'un tableau? N'est-ce pas parce qu'il connaît davantage les vérités de la nature ou de la vie que le tableau représente? Pourquoi le gentleman trouve-t-il plus de plaisir à lire un beau poëme que le manant? N'est-ce pas parce que sa connaissance plus étendue des choses et des hommes lui permet d'y voir ce que l'autre n'y voit pas? Or, si, comme il est clair en ce cas, il doit exister dans notre esprit une certaine familiarité avec les choses représentées pour que nous puissions jouir de leur représentation, la représentation ne peut être appréciée d'une façon complète que lorsque les choses représentées sont connues d'une façon complète aussi. Le fait est que toute vérité additionnelle exprimée par une œuvre d'art, donne une jouissance additionnelle à l'esprit qui la contemple : jouissance qui manque à ceux qui ne connaissent pas cette vérité. Plus l'artiste indique de réalités dans son œuvre, plus il met de facultés en jeu, plus il suggère d'idées, et plus il cause de plaisir. Mais, pour éprouver ce plaisir, le spectateur, l'auditeur, le lecteur, doit connaître les réalités que l'artiste indique ; connaître ces réalités, c'est posséder cette grande chose : la science.

Et maintenant n'oublions pas cet autre grand fait, que non-seulement la science est à la base de la sculpture, de la peinture, de la musique, de la poésie, mais que la science est encore poésie elle-même. L'opinion commune que la science et la poésie sont opposées l'une à l'autre, provient d'une illusion. Sans doute, il est vrai qu'en tant qu'états de conscience, la connaissance et l'émotion tendent à s'exclure mutuellement. Sans doute, il est vrai aussi qu'une tension extrême de la réflexion tend à amortir les sentiments, de même que la violence des sentiments tend à obscurcir la réflexion : et, en ce sens, il serait vrai de dire que toute espèce d'activité s'exerce aux dépens d'une autre. Mais ce qui n'est pas vrai, c'est que les faits de science soient en eux-mêmes dénués de poésie, ou que la culture scientifique nous rende impropres à l'exercice de l'imagination et à l'amour du beau. Au contraire, la science ouvre au savant des mondes de poésie là où l'ignorant ne voit rien. Les hommes occupés de recherches scientifiques, nous montrent à tout moment qu'ils sentent non pas seulement aussi vivement, mais plus vivement que les autres, la poésie de leur sujet. Quiconque ouvrira les ouvrages de géologie de Hugh Miller, ou lira les *Études des côtes maritimes* de M. Lewes, verra que la science excite le sentiment poétique, bien loin de l'éteindre. Ceux qui connaissent la vie de

Goëthe, savent que le poëte et l'homme de science peuvent exister tous deux avec une égale plénitude dans le même individu. N'est-ce pas une idée absurde, sacrilége, de croire que plus on étudie la nature, moins on la révère? Pensez-vous qu'une goutte d'eau qui, pour le vulgaire, n'est qu'une goutte d'eau, perd quelque chose aux yeux du physicien, parce qu'il sait que, si la force qui réunit les éléments dont elle se compose était subitement dégagée, elle produirait un éclair? Pensez-vous que ce qui paraît au spectateur non initié un simple flocon de neige, n'éveille pas des idées plus hautes chez celui qui a examiné à travers le microscope les formes merveilleusement variées et si élégantes des cristaux de neige? Pensez-vous que ce roc arrondi, strié de déchirures parallèles, évoque autant de poésie dans l'esprit de l'ignorant que dans celui du géologue qui sait qu'un glacier a glissé sur lui il y a un million d'années? La vérité est que ceux qui n'ont jamais pénétré dans les domaines de la science sont aveugles à la plus grande partie de la poésie qui les entoure. Celui qui n'a pas, dans sa jeunesse, collectionné des insectes et des plantes, ignore l'intérêt qui s'attache à une haie ou à une prairie. Celui qui n'a pas déterré des fossiles ne sait pas les idées poétiques qu'évoquent les lieux où se trouvent ces trésors cachés. Celui qui n'a pas emporté, dans ses promenades aux bords de la mer, un microscope et un aquarium, ne connait point les délices des côtes maritimes. Il est, en vérité, triste de voir combien les hommes s'occupent de trivialités et sont indifférents aux plus magnifiques phénomènes; combien ils ont peu de souci de connaître l'architecture des cieux, tandis qu'ils s'occupent de méprisables controverses sur les intrigues de Marie, reine d'Écosse; combien ils s'attachent à critiquer savamment une ode grecque, et passent sans y songer devant ce grand poëme épique que le doigt de Dieu a écrit sur les couches de la terre !

Nous voyons donc que, dans la dernière division de l'activité humaine, comme dans les autres, la culture scientifique constitue une préparation nécessaire. Nous voyons que l'esthétique en général est nécessairement basée sur les lois scientifiques, et qu'on ne peut trouver le beau absolu qu'à la condition de connaître ces lois. Nous voyons que, pour la critique d'art et l'appréciation complète des œuvres d'art, il faut la connaissance de la nature des choses ; en d'autres termes, il faut le secours de la science. Et nous voyons que non-seulement la science est la servante de l'art et de la poésie sous toutes leurs formes, mais qu'elle peut être, à bon droit, regardée comme poétique elle-même.

Jusqu'ici nous nous sommes demandé quelle est l'utilité de tel ou tel genre de connaissances pour nous uider dans la vie. Nous avons à nous rendre compte maintenant de la valeur relative de ces différents genres de connaissances au point de vue de la discipline. Nous sommes forcé de traiter d'une façon comparativement brève cette division de notre sujet, qui heureusement n'a pas besoin de développements très-étendus. En trouvant ce qui est le meilleur pour notre direction, nous avons implicitement trouvé ce qui est le meilleur pour notre discipline. Nous pouvons être certains que la connaissance de cette classe de faits, qu'il nous est le plus utile de posséder pour régler notre conduite, suppose un exercice mental plus propre que tout autre à fortifier nos facultés. Il serait tout à fait contraire au bel ordre de la nature qu'une sorte de culture nous fût nécessaire comme instruction, et une autre sorte comme gymnastique mentale. Partout, dans la création, nous voyons que les facultés se développent par l'accomplissement même des fonctions en vue desquelles elles existent, et non pas par des exercices artificiels imaginés dans le but de les adapter à ces fonctions. Le Peau-Rouge acquiert la légèreté à la course et l'agilité qui fait de lui un bon chasseur en poursuivant les animaux; et par les divers genres d'activités qui remplissent sa vie, il arrive à posséder plus d'énergie physique que la gymnastique n'en a jamais donné. Cette adresse qu'il possède pour traquer son ennemi ou sa proie, indique une finesse de perception qu'il n'aurait jamais pu acquérir par une éducation artificielle. Il en est de même en toutes circonstances. L'homme des bois, dont l'œil, accoutumé à distinguer de loin les objets qu'il faut poursuivre ou qu'il faut fuir, acquiert la puissance d'un télescope, le comptable, que la pratique journalière met en état d'additionner simultanément plusieurs colonnes de chiffres, ont eu leurs facultés spéciales développées au plus haut point par l'accomplissement du devoir auquel ils sont appelés. Nous pouvons être *à priori* certains que cette loi s'applique à l'éducation tout entière. L'éducation qui est la plus utile au point de vue de la direction, est aussi la plus utile au point de vue de la discipline. Voyons-en la preuve.

Un des avantages que l'on invoque pour justifier l'importance prééminente que l'on donne dans nos cours d'études ordinaires à l'étude des langues, c'est que cette étude fortifie la mémoire. On suppose que cet avantage est particulier à l'étude des mots. Mais la vérité est que les sciences fournissent un champ d'exercice bien plus vaste à notre mémoire. Ce n'est pas une tâche légère que de se rappeler tout ce qui a rapport à notre système solaire. C'en est une plus lourde encore que de retenir tout ce que l'on sait de la voie lactée. Le nombre des corps composés, auquel les découvertes de la chimie ajoutent tous les jours, est si grand, qu'excepté les professeurs, bien peu de gens pourraient les énumérer : se souvenir de la constitution atomique et des affinités de tous ces composés, n'est guère possible qu'à ceux qui font de la chimie l'occupation de leur vie. Dans la masse énorme de phénomènes présentés par la croûte terrestre, et la masse de phénomènes plus énorme encore présentés par les fossiles qu'elle renferme, il y a la matière d'un travail de mémoire continué pendant des années, pour l'homme qui étudie la géologie. Chaque partie principale de la physique — l'acoustique, la chaleur, la lumière, l'électricité — contient des faits assez nombreux pour effrayer quiconque voudrait les apprendre tous. Quand nous abordons les sciences organiques, l'effort de mémoire qu'il faut faire est encore plus grand. Dans la seule anatomie du corps humain, la quantité de détails est telle que l'élève a généralement besoin de les apprendre cinq ou six fois avant de parvenir à s'en souvenir d'une façon durable. Le nombre d'espèces de plantes que distinguent les botanistes est de quelque chose comme trois cent vingt mille, et les formes de la vie animale dont s'occupe le zoologiste sont estimées au chiffre de deux millions. L'accumulation de faits que les hommes de science ont devant eux est telle, que ce n'est qu'en divisant et en subdivisant le travail qu'ils peuvent les aborder. A la connaissance détaillée des faits contenus dans sa division, chaque savant joint des connaissances générales dans les divisions qui s'y rattachent, et peut-être des données élémentaires dans quelques autres. Il est donc certain que la science, même imparfaitement cultivée, fournit un suffisant exercice à la mémoire. Tout au moins, est-elle une discipline aussi bonne pour cette faculté que peut l'être l'étude des langues.

Remarquez maintenant que si, comme exercice de la mémoire, la science est aussi utile, sinon plus utile, que les langues, elle leur est infiniment supérieure par le genre de mémoire qu'elle cultive. Dans l'étude d'une langue, les séries d'idées qu'on fait entrer dans l'esprit, correspondent à des faits qui sont, dans une grande mesure, accidentels; tandis que dans l'étude des sciences, les séries d'idées qu'on fait entrer dans l'esprit correspondent à des faits qui sont nécessaires. Il est vrai que les rapports des mots avec leurs significations sont, en un sens, naturels; que l'on peut remonter jusqu'à une certaine antiquité à ces rapports originels, quoique bien rarement à leur origine même; et que les lois de cette genèse forment une branche de la science de l'esprit humain, branche qui s'appelle la philologie. Mais, comme on ne prétendra certes pas que dans l'enseignement des langues, tel qu'on le pratique ordinairement, ces rapports naturels entre les mots et leur signification soient habituellement indiqués et leurs lois expliquées, on admettra qu'ils ne sont présentés et appris que comme fortuits. Dans l'étude des sciences, au contraire, les rapports qu'on présente à l'esprit sont des rapports de causalité; et quand on enseigne bien, l'élève les comprend comme tels. Tandis que l'étude des langues familiarise son esprit avec les rapports irrationnels, l'étude des sciences le familiarise avec les rapports rationnels. Tandis que l'une n'exerce que la mémoire, l'autre exerce à la fois la mémoire et l'intelligence.

Observez ensuite qu'une des grandes supériorités des sciences sur les langues, comme moyen de discipline intellectuelle, c'est qu'elles développent le jugement. Ainsi que l'a très-bien remarqué le professeur Faraday dans une conférence sur l'éducation mentale faite à l'Institut royal, le défaut le plus commun chez l'homme, c'est l'insuffisance du jugement. « La so-« ciété en général, dit-il, n'ignore pas seulement ce qui concerne l'éducation du jugement, elle ignore aussi son ignorance. » Et la cause qu'il assigne à cet état de choses, c'est l'absence de culture scientifique. Sa conclusion est d'une vérité évidente. Un jugement exact sur les choses, sur les événements et sur les conséquences, n'est possible que si l'on connaît la relation entre eux des phénomènes qui nous entourent. La connaissance du sens des mots, si étendue qu'elle puisse être, ne nous amènera point à inférer correctement des causes aux effets. L'habitude de tirer des conclusions de données premières, et de vérifier ensuite ces conclusions à la lumière de l'observation et de l'expérience, peut seule nous mettre en état de juger sainement. Et que la science nous force à contracter cette habitude, c'est encore là un de ces immenses avantages.

La science n'est pas seulement ce qu'il y a de meilleur pour la discipline intellectuelle, elle l'est aussi pour la discipline morale. L'étude des langues tend plus que tout autre à augmenter encore le respect exagéré de l'autorité. Ce mot signifie cela, dit le maître ou le dictionnaire ; ceci est la règle de tel ou tel cas, dit la grammaire : et son dire est reçu par l'élève comme étant au-dessus de toute discussion. L'état constant de son esprit est celui de la soumission à l'enseignement dogmatique ; et le résultat de cette habitude, c'est la tendance à accepter sans examen tout ce qu'il trouve établi. Bien différent est le ton que donne à un esprit l'étude de la science. La science fait continuellement appel à la raison individuelle. Ses vérités ne sont point acceptées de confiance. Tout le monde peut, s'il veut, les expérimenter ; et même, dans beaucoup de cas, l'élève est invité à tirer lui-même ses conclusions. Tous les procédés qu'on suit dans les recherches scientifiques sont soumis à son jugement. On ne lui demande pas de les admettre sans les avoir reconnus vrais ; et la confiance en ses forces qu'on lui donne ainsi, s'accroît encore de l'uniformité avec laquelle la nature justifie ses inférences, toutes les fois qu'il les a correctement tirées. De là découle cet esprit d'indépendance qui est un des précieux éléments du caractère. Ce n'est pas là le seul avantage moral que nous lègue l'éducation scientifique. Quand elle est faite, comme elle devrait toujours l'être, sous forme de recherches autant que possible personnelles, elle développe la persévérance et la sincérité. Ainsi que le dit le professeur Tyndall, à propos de la recherche inductive : « Il faut y apporter, avec un travail patient, un humble et consciencieux acquiescement à tout ce que la nature nous révèle. La première condition du succès, c'est une honnête bonne volonté à accepter la vérité, à abandonner toute idée préconçue, si chère qu'elle nous puisse être, qui serait reconnue être en contradiction avec elle. Croyez-moi, il se passe bien de nobles faits de renoncement à soi-même, à l'insu du monde, dans le cœur d'un véritable adepte de la science, quand il poursuit dans le secret de son laboratoire le cours de ses expériences. »

Enfin, nous devons dire — et l'assertion causera sans doute une extrême surprise — que la discipline de la science est supérieure à celle de l'éducation ordinaire, à cause de la culture *religieuse* qu'elle donne à l'esprit humain. Il va sans dire que nous n'employons pas ici les mots *scientifique* et *religieux* dans l'acception bornée où on les prend ordinairement, mais bien dans leur sens le plus large et le plus élevé. Sans doute, la science est hostile aux superstitions qui ont cours dans le monde sous le nom de religion; mais elle ne l'est pas à la religion essentielle que ces superstitions ne font que nous dérober. Sans doute aussi, une partie de la science courante est imprégnée de l'esprit d'irréligion; mais cet esprit n'existe pas dans la vraie science, dans celle qui pénètre au-dessous des surfaces :

« La vraie science et la vraie religion, » dit le professeur Huxley, en terminant son dernier cours de conférences, « sont deux sœurs jumelles qu'on ne peut séparer sans causer la mort de l'une et de l'autre. La science prospère à mesure qu'elle est religieuse, et la religion fleurit à proportion de la profondeur et de la solidité scientifique de sa base. Les grandes œuvres accomplies par les philosophes ont été moins le fruit de leur intelligence que de la direction imprimée à cette intelligence par un esprit éminemment religieux. La vérité s'est révélée à leur patience, à leur amour, à leur simplicité, à leur dévouement, bien plus qu'à leur perspicacité logique. »

Loin que la science soit irréligieuse, comme tant de personnes le croient, c'est l'abandon de la science qui est irréligieux. Prenons une humble comparaison. Supposons un auteur qu'on saluerait tous les jours de louanges exprimées en style pompeux. Supposons que la sagesse, la grandeur, la beauté de ses ouvrages soient le sujet constant des louanges qu'on lui adresserait. Supposons que ceux qui louent sans cesse ses œuvres n'en aient jamais vu que la couverture, ne les aient jamais lues, n'aient jamais essayé de les comprendre. De quel prix pourraient être pour nous leurs éloges? Que penserions-nous de leur sincérité? Et pourtant, s'il est permis de comparer les petites choses aux grandes, voilà comment se conduit l'humanité en général envers l'univers et sa cause. Bien pis encore ! Non-seulement les hommes passent, sans les étudier, à côté de ces choses qu'ils proclament merveilleuses, mais ils blâment ceux qui se livrent à l'observation de la nature et les accusent de s'amuser à des bagatelles; ils méprisent ceux qui prennent un intérêt actif à ces merveilles. Nous disons donc encore que ce n'est pas la science, mais bien l'indifférence pour la science qui est irréligieuse. La dévotion à la science est un culte tacite; c'est la reconnaissance tacite de la valeur des choses qu'on étudie et, par implication, de leur cause. Ce n'est pas un hommage rendu simplement de bouche, c'est un hommage rendu par les actes; ce n'est pas un respect exprimé par des paroles, c'est un respect prouvé par le sacrifice de son temps, de sa pensée et de son travail.

Ce n'est pas seulement de cette manière que la véritable science est essentiellement religieuse. Elle est religieuse aussi parce qu'elle fait naître un profond respect pour ces uniformités d'action qui se découvrent en toutes choses et une foi implicite en elles. Par ses expériences accumulées, l'homme de science acquiert une croyance entière aux rapports immuables des phénomènes, à la relation invariable de cause à effet, à la nécessité des bons et des mauvais résultats. Au lieu des récompenses et des châtiments dont parlent les symboles traditionnels, et que les hommes espèrent vaguement obtenir ou éviter en dépit de leur désobéissance, le savant découvre qu'il y a des récompenses et des châtiments qui découlent de la constitution ordonnée des choses, et que les mauvais résultats de la désobéissance sont inévitables. Il découvre que les lois auxquelles nous devons nous soumettre sont à la fois inexorables et bienfaisantes. Il voit qu'en nous y conformant, la marche des choses tend toujours vers une plus grande perfection, vers un plus grand bonheur. Alors, il insiste sans cesse sur l'observation de ces lois, il s'indigne quand on les transgresse ; et c'est ainsi qu'en affirmant les principes éternels des choses et la nécessité de leur obéir, il se montre essentiellement religieux.

Ajoutez à ces considérations un autre aspect religieux de la science : c'est qu'elle seule peut nous donner une juste idée de ce que nous sommes et de nos relations avec les mystères de l'être. En même temps qu'elle nous montre tout ce qu'on peut savoir, elle nous montre les limites au delà desquelles on ne peut savoir rien. Ce n'est point par des assertions dogmatiques qu'elle enseigne l'impossibilité de comprendre la cause ultime des choses ; mais elle nous conduit à reconnaître clairement cette impossibilité, en nous faisant toucher, dans toutes les directions, les bornes que nous ne pouvons franchir. Elle nous fait sentir, comme rien autre chose ne peut nous le faire sentir, la faiblesse de l'intelligence humaine en présence de ce qui passe cette intelligence. Tandis qu'à l'égard des traditions et des autorités humaines, elle a peut-être une attitude fière, cette attitude est humble devant le voile impénétrable qui lui couvre l'Absolu. Sa fierté et son humilité sont aussi justes l'une que l'autre. Le savant sincère — et par ce nom nous n'entendons pas celui qui ne fait autre chose que calculer des distances, analyser des composés ou étiqueter des espèces, mais celui qui, à travers des vérités d'ordre inférieur, cherche des vérités plus hautes, et peut-être la vérité suprême, — le véritable savant, disons-nous, est le seul homme qui sache combien est au-dessus, non pas seulement de la connaissance humaine, mais de toute conception humaine, la puissance universelle dont la Nature, la Vie, la Pensée, sont des manifestations.

Nous concluons donc que, pour la discipline de l'homme, de même que pour sa direction, la science est de première valeur. A tous égards, apprendre le sens des choses vaut mieux qu'apprendre le sens des mots. Comme éducation intellectuelle, morale, religieuse, l'étude des phénomènes qui nous entourent est immensément supérieure à l'étude des grammaires et des lexicons.

Ainsi, à la question qui nous a servi de point de départ : — Quel est le savoir le plus utile ? — la réponse uniforme est : La science. C'est le verdict prononcé sur toutes les questions. Pour ce qui touche à la conservation personnelle, à l'entretien de la vie et de la santé, les connaissances qu'il est important de posséder sont les connaissances scientifiques. S'il s'agit de pourvoir indirectement à cette même conservation personnelle en gagnant sa vie, les connaissances qu'il est important de posséder sont encore les connaissances scientifiques. Dans l'accomplissement des fonctions paternelles, le véritable guide dont on a besoin, c'est la science. Pour l'intelligence de la vie nationale passée et présente (intelligence sans laquelle le citoyen ne peut diriger sa conduite), la clef indispensable, c'est la science. Il en est de même pour ce qui touche aux productions de l'art et aux jouissances artistiques sous toutes leurs formes : là encore, la préparation nécessaire, c'est la science. De même, pour la discipline — intellectuelle, morale, religieuse, — l'étude la plus efficiente, c'est la science. La question qui, d'abord, semblait si embarrassée est devenue, pendant le cours de notre examen, comparativement simple. Nous n'avons pas besoin d'évaluer les différents degrés d'importance des différents genres d'activité humaine, puisque nous voyons que l'étude de la science, au sens le plus large du mot, est la meilleure préparation à tous ces genres d'activité. Nous n'avons pas à décider entre les droits qu'ont sur nous des études auxquelles on attribue conventionnellement une grande valeur, et les droits d'autres études qui auraient une valeur moindre, quoique intrinsèque, puisque nous voyons que les études qui sont les plus utiles à tous égards sont aussi, par cela même, celles qui ont le plus de valeur intrinsèque : valeur qui ne dépend point de l'opinion, mais qui est invariable comme le sont les relations de l'homme avec le monde qui l'entoure. Nécessaire et éternelle, de même que les vérités qu'elle proclame, la science tout entière concerne l'humanité tout entière et dans tous les temps. Dans l'avenir le plus éloigné, comme aujourd'hui, il sera d'une immense importance pour la direction de leur conduite que les hommes possèdent la science de la vie physique, intellectuelle et sociale, et qu'ils possèdent toutes les autres sciences, comme donnant la clef de la science de la vie.

Et pourtant cette étude, qui surpasse immensement toutes les autres en importance, est celle qui, dans un siècle de prétendue culture, obtient le moins d'attention. Tandis que ce que nous appelons la civilisation n'eût jamais pu se produire sans le secours de la science, les études scientifiques forment à peine un élément appréciable dans notre éducation civilisée. Quoique nous soyons redevables à la science de ce que des millions d'hommes puissent vivre aujourd'hui sur un espace qui fournissait à peine la nourriture nécessaire à quelques mille autrefois, il n'y en a guère parmi ces millions qui accordent quelque respect à ce qui est la cause efficiente de leur existence sur la terre. La connaissance croissante des propriétés et des relations des substances a permis à des tribus errantes, non-seulement de se développer en nations populeuses, mais de jouir de plaisirs et de confort que leurs ancêtres nus et clair-semés n'auraient pas pu concevoir, auxquels on n'aurait pas pu les faire croire. Et ce genre de science est admis avec peine et à contre-cœur dans nos établissements d'instruction supérieure! C'est à la lente découverte de la coexistence des phénomènes et de leur enchaînement que nous devons d'être émancipés de la plus grossière superstition ; sans la science, nous en serions encore à adorer des fétiches, ou bien à sacrifier des hécatombes de victimes pour nous rendre propices les divinités infernales ; et cependant cette science qui, à la place de conceptions dégradantes, nous présente quelques-unes des grandeurs de la création, cette science est dénigrée dans nos livres de théologie, et quelquefois honnie du haut de la chaire!

Paraphrasant une fable venue d'Orient, nous dirons que, dans la famille des études, la science est le Cendrillon qui cache dans l'obscurité des perfections inconnues. Tout le travail de la maison lui a été donné à faire. C'est par son adresse, son intelligence, son dévouement, que l'on a obtenu toutes les commodités et tous les agréments de la vie ; et tandis qu'elle s'occupe incessamment de servir les autres, on la tient à l'écart, afin que ses orgueilleuses sœurs puissent étaler leurs oripeaux aux yeux du monde. Le parallèle pourrait être poussé plus loin, car nous arrivons vite au dénoûment, et alors les situations seront changées. Les sœurs orgueilleuses tomberont dans un abandon mérité, tandis que la science, proclamée la meilleure et la plus belle, régnera souverainement.

CHAPITRE II.

DE L'ÉDUCATION INTELLECTUELLE.

Il y a nécessairement du rapport entre les systèmes successifs d'éducation et les états sociaux successifs avec lesquels ils ont coexisté. Comme les institutions de chaque époque ont dans l'esprit national une origine commune, toutes ces institutions, quel que soit leur objet, doivent avoir entre elles une ressemblance de famille. Quand les hommes recevaient leur credo tout fait, avec ses interprétations, de la bouche d'une autorité infaillible qui dédaignait de leur donner des explications, il était naturel que l'enseignement des enfants fût purement dogmatique. Quand la maxime de l'Église était : *Croyez et n'interrogez pas*, il convenait que ce fût là aussi la maxime de l'école. Par contre, aujourd'hui que le protestantisme a conquis pour les hommes faits le droit de libre examen, et qu'il a fait prévaloir l'habitude de l'appel à la raison, il est conséquent que l'instruction donnée à la jeunesse prenne la forme d'une exposition présentée à son intelligence. Pendant que régnait le despotisme politique, dur dans ses ordres, gouvernant par la crainte, punissant de mort les moindres délits, implacable dans sa vengeance à l'égard des rebelles, une discipline académique s'était simultanément développée, dure comme lui, multipliant les injonctions, prodiguant les coups pour les plus légères infractions à sa règle ; une discipline d'autocratie, maintenue par les verges, la férule et le cachot. L'accroissement de la liberté politique, l'adoucissement des lois criminelles, ont été accompagnés d'un progrès de même nature vers une éducation moins coercitive. L'élève est moins retenu qu'il ne l'était par les prohibitions de toute espèce; on emploie pour le conduire d'autres moyens que les châtiments. Dans ces temps ascétiques où les hommes, agissant d'après les principes de la plus grande souffrance, croyaient que plus ils se refusaient de jouissances, plus ils approchaient de la perfection, on devait nécessairement regarder comme la meilleure des éducations celle qui brisait le plus toutes les inclinations des enfants, et couper court à toute activité spontanée de leur part par ces mots stéréotypés : « Vous ne devez pas faire cela. » Au contraire, aujourd'hui qu'on en vient à considérer le bonheur comme un but légitime; aujourd'hui qu'on cherche à diminuer les heures de travail et à procurer au peuple des récréations agréables, parents et maîtres commencent à voir que la plupart des désirs de l'enfance peuvent, sans inconvénient, être satisfaits, que les jeux des enfants doivent être encouragés, et que les tendances naturelles d'un esprit qui se forme ne sont pas si diaboliques qu'on le supposait. Le siècle dans lequel on croyait que toute espèce d'industrie devait s'établir à l'ombre d'un régime de protection et de prohibition ; qu'il était nécessaire de régler la qualité et le prix des matières premières et des produits des manufactures ; et où l'on s'imaginait que le cours de l'argent doit être l'objet d'une loi : un pareil siècle devait chérir l'idée que l'esprit d'un enfant doit être réglé, que ses forces lui sont communiquées par le maître, que c'est un réceptacle pour les notions qu'on y jette et avec lesquelles on construit un édifice à sa fantaisie. De nos jours, où nous commençons à apprendre que les choses portent plus en elles-mêmes que nous ne le croyons, leur règle et leur loi ; que le travail, le commerce, l'agriculture, la navigation, subsistent mieux sans réglementation que règlementés ; que les gouvernements politiques, pour être efficients, doivent sortir des entrailles de la société, et non lui être imposés du dehors, nous commençons à apprendre aussi qu'il existe une marche naturelle de l'évolution mentale, à laquelle on ne peut mettre obstacle sans de graves dommages ; que nous ne pouvons pas plier l'esprit qui se développe à nos formes artificielles ; et que la psychologie nous a découvert, là aussi, une loi de corrélation entre l'offre et la demande, à laquelle nous devons nous conformer, si nous ne voulons pas produire le mal. Dans son dogmatisme absolu, dans sa dure discipline, dans ses prohibitions multipliées, dans son ascétisme déclaré, dans sa foi aux oracles humains, le vieux système d'éducation était frère du système social dont il était contemporain ; par contre, dans leurs caractères tout contraires, nos méthodes d'éducation moderne correspondent à nos institutions plus libérales, en matière religieuse et politique.

Mais il y a encore un parallélisme dont nous n'avons point parlé : c'est celui qui existe dans la manière dont ces changements ont été opérés et les différents états auxquels ils ont conduit l'opinion. Il y a quelques siècles, il y avait dans le monde uniformité de croyance sur la religion, la politique, l'éducation. Tout le monde était romaniste, monarchiste, aristotélien ; personne ne pensait à soumettre à l'examen cette routine de collége dans laquelle tous étaient élevés. Une même cause a détruit en religion, en politique, en éducation, cette uniformité d'opinion, et l'a remplacée par une diversité croissante. Cette tendance à l'assertion de l'individualité qui, après avoir contribué à produire le grand mouvement protestant, a engendré un nombre de sectes qui augmente sans cesse ; cette tendance qui a donné naissance aux partis politiques, et qui, du sein des deux camps qui divisaient autrefois les hommes, tire tous les jours de nouvelles sectes politiques; cette tendance qui créa la grande rébellion baconienne contre l'école, et qui a été le point de départ de tous les systèmes philosophiques qui se sont produits depuis en Angleterre et ailleurs, est la même qui a divisé les hommes sur le sujet de l'éducation, et multiplié les méthodes. Ces progrès, conséquences extérieures d'un même changement intérieur, ont été nécessairement plus ou moins simultanés. Le déclin de l'autorité, papale, philosophique, royale, ou pédagogique, est essentiellement un seul et même phénomène; sous chacun de ses aspects, le penchant à la liberté d'action est également visible dans la manière dont le changement lui-même s'opère, et dans les nouvelles formes de théorie et de pratique auxquelles ce changement donne naissance.

Tandis que beaucoup de personnes regrettent cette variation qui s'est produite dans les systèmes d'éducation, l'observateur libéral y discerne un moyen par lequel on arrivera à établir à la fin un système d'éducation rationnel. Quoi que l'on puisse penser des dissentiments théologiques, il est certain que les sectes en matière d'éducation facilitent l'examen du sujet par la division du travail. Si nous possédions déjà la vraie méthode, il va sans dire que toute divergence serait un mal; mais, la vraie méthode étant encore à trouver, les efforts des chercheurs nombreux et indépendants qui poussent leurs recherches dans des directions différentes, constituent, pour la découvrir, un moyen meilleur qu'aucun de ceux qu'on pourrait inventer. Chacun ayant son idée, idée qui est probablement plus ou moins fondée sur les faits; chacun étant zélé pour son projet, fertile et expédients pour en éprouver la justesse, infatigable dans ses efforts pour en faire connaître les résultats, et chacun critiquant sans pitié les autres, il ne peut pas manquer d'arriver que, par la composition des forces, un progrès s'accomplisse dans la voie qui mène à la vérité. Ce que chacun aura trouvé de vrai, de propre à faire partie de la méthode normale, doit réussir, par la publicité et l'expérience, à se faire reconnaître et adopter. Les erreurs dans lesquelles on sera tombé doivent, par les mêmes moyens, finir par être rejetées. Et par cette agrégation de vérités et cette élimination d'erreurs, un corps complet de doctrines vraies doit, plus tard, se trouver formé. Dans les trois phases que l'opinion traverse — l'unanimité des ignorants, les dissentiments des chercheurs et l'unanimité des sages, — il est évident que la deuxième phase est celle qui produit la troisième. Il n'y a pas seulement suite dans les temps, il y en a dans les causes. Quelle que soit donc l'impatience avec laquelle nous puissions voir le conflit actuel entre les systèmes d'éducation; quelque regret que nous puissions éprouver des inconvénients qui l'accompagnent, nous sommes obligés de reconnaître que c'est une phase de transition par laquelle il faut passer, et que le bien en sortira.

En attendant, nous pouvons déjà profiter de nos progrès. Après cinquante ans de discussions, d'expériences, de résultats comparés, n'avons nous pas fait déjà quelques pas vers le but? Quelques-unes de nos vieilles méthodes sont tombées en désuétude; d'autres, plus nouvelles, ont été mises en usage; il y en a beaucoup qui sont en voie d'être abandonnées ou adoptées. Il est probable qu'en comparant ces changements entre eux, nous leur trouverons des caractères semblables, une tendance commune; et ainsi l'expérience nous fournira un fil conducteur, et nous suggérera les moyens d'arriver à de nouveaux perfectionnements. Donnons donc, d'abord, et comme préliminaires à un examen plus approfondi, un coup d'œil aux différences principales qui existent entre l'éducation actuelle et l'éducation d'autrefois.

Quand on abandonne une erreur, il arrive ordinairement qu'on tombe, pendant un temps, dans l'erreur opposée; et c'est ainsi qu'il est arrivé qu'après une suite de siècles pendant lesquels le développement du corps était le seul objet de l'éducation, une suite de siècles est venue, pendant lesquels on n'avait en vue que la culture de l'esprit. Alors on a mis des livres dans les mains des enfants de deux ou trois ans, et l'on a cru que le savoir était la seule chose nécessaire. Comme il arrive naturellement encore après une de ces réactions, on a fait un nouveau pas, en coordonnant les erreurs contraires, et l'on s'est aperçu qu'elles forment deux aspects opposés de la même vérité. De cette manière, nous en sommes arrivés à la conviction que le corps et l'esprit doivent être l'objet de la même sollicitude et que l'être humain doit être développé tout entier. Le système de serre chaude a été abandonné par beaucoup de personnes, et l'on n'a plus cherché à favoriser la précocité chez les enfants. On commence à s'apercevoir que le premier avantage qu'un homme puisse apporter dans la vie, c'est que chez lui la bête soit solide. Le cerveau le mieux organisé ne lui servira de rien, s'il ne possède pas une force vitale suffisante pour le mettre en œuvre. Obtenir l'un, san conserver la source de l'autre, est aujourd'hui regardé comme une folie : folie que les résultats donnés par les jeunes prodiges démontrent chaque jour. Nous découvrons par là la sagesse du proverbe qui dit qu'un des secrets de l'éducation est « de savoir perdre le temps sagement. »

L'habitude, autrefois universellement répandue, d'apprendre par cœur tombe tous les jours en discrédit. Toutes les autorités modernes condamnent la vieille méthode mécanique d'enseigner l'alphabet. On apprend souvent maintenant la table de multiplication par la méthode expérimentale. Dans l'enseignement des langues, on substitue déjà aux procédés des colléges d'autres procédés imités de ceux que suit spontanément l'enfant quand il apprend sa langue maternelle.

Le Rapport sur l'École normale de Battersea et sur les méthodes qu'on y suit dit : « L'enseignement, dans tout le cours préparatoire, est principalement oral, et rendu plus clair par des démonstrations tirées de la nature. » Ainsi du reste. Le système qui consiste à faire apprendre les enfants par cœur, comme tous les systèmes suivis à la même époque, donnait à la formule et au symbole la priorité sur la chose formulée ou symbolisée. Répéter les mots correctement suffisait, les comprendre était inutile; et de cette façon, l'esprit était sacrifié à la lettre. On reconnaît enfin que, dans ce cas comme dans les autres (un pareil résultat n'est pas accidentel, mais inévitable), plus on donne d'attention au signe, moins on en donne à la chose signifiée; ou que, ainsi que l'a dit Montaigne, il y a longtemps : *Sçavoir par cœur n'est pas sçavoir.*

En même temps qu'on abandonne l'usage de faire apprendre les enfants par cœur, on abandonne aussi peu à peu l'usage, qui l'accompagne, d'enseigner par principes. Commencer par les cas particuliers, et finir par la généralisation, telle est la méthode nouvelle, — méthode qui, ainsi que le remarque le Rapport sur les Écoles de Battersea, « est prouvée par l'expérience être la bonne, quoiqu'elle soit diamétralement contraire à celle ordinairement suivie qui consiste à donner d'abord les règles à l'élève. » L'enseignement par principe est maintenant condamné, comme ne conduisant qu'à la connaissance empirique et donnant l'apparence du savoir sans la réalité. Présenter à l'esprit le produit net de la recherche, sans faire passer cet esprit par la recherche elle-même, est regardé comme une méthode à la fois énervante et inefficace. Les vérités générales, pour être d'un grand et permanent usage, doivent être conquises. *Bien qui vient aisément s'en va de même,* est un proverbe qui peut être appliqué à la science comme aux richesses. Tandis que les règles qui restent isolées dans l'esprit — qui ne font pas corps avec toutes les autres notions qu'il contient et qui n'y ont point leurs racines — s'oublient vite, les principes dont les règles sont l'expression, une fois acquis par l'intelligence, une fois compris, sont sa propriété inaliénable ; tandis que le jeune homme qui a été instruit par des règles, se trouve perdu aussitôt qu'on lui demande de faire de ces mêmes règles des applications nouvelles pour lui, celui qui possède les principes résout les cas nouveaux aussi aisément que les cas anciens. Entre un esprit qui ne connaît que les règles, et un esprit qui connaît les principes, il existe la même différence qu'entre un amas confus de matériaux, et ces mêmes matériaux organisés en un tout complet, dont les parties sont liées ensemble. Et l'esprit a cet avantage sur un corps organisé, non-seulement que ses parties sont plus étroitement liées, mais qu'il forme un agent actif de recherches, de réflexions, de découvertes. Ne croyez pas que ce ne soit là qu'une métaphore ; c'est l'exacte vérité. Le lien des faits entre eux, leur réunion en généralisations, *est positivement* l'organisation de la connaissance, que celle-ci soit considérée comme phénomène objectif ou comme phénomène subjectif; et la force d'un esprit peut être appréciée par l'étendue que cette organisation a atteinte.

De la substitution des principes aux règles toutes faites, et de l'usage qui en découle de laisser de côté les abstractions jusqu'à ce que l'esprit soit familiarisé avec les faits, est résulté l'ajournement d'études qu'on plaçait autrefois au commencement des cours. C'est ainsi qu'on a renoncé à cette coutume mille fois stupide d'enseigner la grammaire aux jeunes enfants. Comme le dit M. Marcel, « on peut affirmer sans hésitation que la grammaire n'est pas un point de départ, mais un instrument de perfectionnement. » M. Wyse raisonne ainsi à ce sujet : « La grammaire et la syntaxe sont une collection de lois et de règles. Les règles sont tirées de la pratique; elles sont les résultats d'inductions auxquelles nous arrivons par la longue observation et la comparaison des faits. C'est enfin la science, la philosophie du langage. Si nous consultons la marche de la nature, nous voyons qu'elle ne conduit jamais les individus ni les nations à la science *d'abord*. Une langue est parlée, des poèmes sont écrits longtemps avant qu'on ait songé à la grammaire et à la prosodie. On n'a pas attendu pour raisonner qu'Aristote eût construit l'édifice de sa logique. » En résumé, comme la grammaire a été trouvée après la langue, elle doit être enseignée après la langue : c'est là une inférence dont tous ceux qui connaissent le rapport entre l'évolution de l'individu et l'évolution de l'espèce reconnaîtront l'exactitude.

Parmi les nouvelles habitudes qui se sont formées pendant le déclin des anciennes, la plus importante est celle de développer systématiquement chez l'enfant la faculté d'observation. Après de longs siècles d'aveuglement, on s'aperçoit enfin que l'activité spontanée chez l'enfant des facultés qui se rapportent à l'observation, a sa signification et son utilité. Ce qu'on regardait autrefois chez lui comme une curiosité sans but, comme un jeu, comme de la malice, selon le cas, est maintenant reconnu pour être le procédé par lequel l'esprit humain acquiert les connaissances sur lesquelles toute sa science future sera basée. De là est né le système bien conçu, mais mal appliqué, des *Leçons de choses*. L'axiome de Bacon : que la physique est la mère des autres sciences, est enfin compris dans l'éducation. Sans une connaissance exacte des propriétés visibles et tangibles des objets, nos conceptions doivent être fausses, nos déductions erronées, nos opérations d'esprit stériles. « Quand l'éducation des sens est négligée, tout le reste de l'éducation se ressent de leur paresse, de leur engourdissement, de leur insuffisance, d'une façon irrémédiable ! » Il est certain que si nous y réfléchissons, nous voyons que de la puissance d'observation dépend le succès en toutes choses. Ce n'est pas seulement l'artiste, le naturaliste, l'homme de science qui en a besoin ; ce n'est pas seulement le médecin qui y puise la sûreté de son diagnostic ; ce n'est pas seulement l'ingénieur, à qui elle est si nécessaire qu'il doit passer plusieurs années dans l'atelier de construction pour l'acquérir : c'est aussi le philosophe, qui en dépend plus que personne, puisque le philosophe est, dans le fond, un homme qui *observe* les rapports des choses, là où les autres hommes n'ont point aperçu ces rapports ; et c'est également le poëte, puisque le poëte est un homme qui *voit* les beaux effets de la nature, effets que tout le monde saisit quand on vous les expose, mais qu'on n'avait point remarqués auparavant. Il n'y a rien sur quoi l'on doive insister davantage que sur l'importance essentielle de recevoir des impressions vives et complètes. On ne construit point un édifice de sagesse solide avec des matériaux mal dégrossis.

Pendant que la vieille méthode de présenter la vérité sous la forme abstraite est tombée en désuétude, on en a adopté une nouvelle, celle de présenter la vérité sous la forme concrète. Les faits élémentaires des sciences exactes s'apprennent maintenant par l'intuition directe, comme on apprend à connaître les textures, les goûts, les couleurs. L'emploi d'une figure sphérique, dans les premières leçons d'arithmétique, est un exemple de cette méthode nouvelle. Il en est de même de la manière dont le professeur de Morgan explique le calcul décimal. M. Marcel, répudiant avec raison le vieux système des tables, enseigne les poids et les mesures en présentant à l'élève des aunes, des pieds, des livres, des onces, des gallons, des pintes; et il laisse l'élève trouver leurs rapports par l'expérimentation. L'emploi des sphères en relief et des modèles des corps réguliers dans l'enseignement de la géographie et de la géométrie, est un fait de la même classe. Manifestement, le trait commun de toutes ces méthodes, c'est qu'elles conduisent l'esprit de l'enfant par les chemins qu'a suivis l'esprit de l'humanité. Les vérités relatives au nombre, à la forme, aux rapports de position, ont toutes été tirées des objets matériels, et les présenter à l'enfant au point de vue concret, c'est les lui laisser apprendre comme la race les a apprises. On verra peut-être bientôt qu'il est impossible qu'il les apprenne autrement; car, si on les lui fait répéter comme abstractions, les abstractions n'ont de sens pour lui que lorsqu'il a découvert qu'elles sont simplement l'énoncé de ce qu'il discerne intuitivement.

Mais de tous les changements qui se produisent, le plus significatif est le désir croissant de rendre l'étude agréable plutôt que pénible, — désir basé sur la perception plus ou moins claire de ce fait, que le genre d'activité intellectuelle qui plaît à chaque âge est précisément celui qui lui est salutaire, et *vice versa*. L'opinion commence à se répandre de plus en plus que, lorsqu'un esprit en voie de développement éprouve un genre de curiosité, c'est qu'il est devenu propre à s'assimiler l'objet de cette curiosité et que cet objet est devenu nécessaire à son progrès; que, par contre, le dégoût qu'il éprouve pour tel ou tel genre d'étude. prouve que l'objet de cette étude lui est présenté prématurément ou sous une forme indigeste. De là, les efforts qu'on fait pour rendre l'éducation amusante dans l'enfance, et intéressante toujours. De là, les conférences sur la valeur des jeux dans l'éducation. De là, l'estime dans laquelle on tient les chansons de nourrices et les contes de fées. Tous les jours, on conforme davantage son plan d'éducation au goût des enfants. L'enfant aime-t-il ce genre d'étude, y prend-il quelque goût? demandons-nous sans cesse. « Son goût naturel pour la variété doit être satisfait, dit M. Marcel, et l'on doit se servir de sa curiosité pour son instruction. Les leçons doivent finir avant qu'il montre des signes de fatigue. » Il en est de même pour l'instruction supérieure. Le court repos pendant les heures d'étude, les excursions dans la campagne, les lectures amusantes, les chants en chœur, toutes ces nouvelles pratiques sont autant de traits du changement survenu. L'ascétisme disparaît de l'éducation, comme il disparaît de la vie; et l'objet ordinaire de la législation politique — le bonheur — commence à devenir à un haut degré l'objet de la législation du collége et de la chambre d'enfants.

Et maintenant, quel est le trait commun de ces différents changements? N'est-ce pas la tendance à se conformer de plus en plus aux procédés de la nature? L'abandon de la culture hâtive, culture contre laquelle se révolte la nature, le soin de laisser les premières années servir au développement des membres et des sens, en sont la preuve. La substitution aux leçons apprises par cœur de leçons orales et expérimentales, comme celles qu'on recueille dans les champs et dans les jardins où les enfants s'ébattent, en est la preuve. La désuétude de l'enseignement par les règles et l'adoption de l'enseignement par principes, c'est-à-dire l'abandon des généralisations jusqu'à ce qu'on puisse les baser sur des cas particuliers, sont une autre preuve de ce progrès. Il se manifeste encore dans le système des leçons sur les objets, dans l'enseignement concret et non abstrait des éléments de la science. Et surtout, cette tendance se montre dans les efforts faits dans toutes les directions, pour présenter l'étude sous des formes attrayantes, pour la rendre agréable. Car, puisqu'il est dans l'ordre de la nature que chez toutes les créatures le plaisir qui accompagne les fonctions nécessaires serve de stimulus à leur accomplissement, puisque, dans la période de l'éducation spontanée, le plaisir que trouve le petit enfant à mordre des coraux et à briser ses jouets, le porte à des actions qui lui font connaître les propriétés de la matière, il s'ensuit qu'en choisissant et présentant les sujets d'étude dans l'ordre et de la manière qui intéressent le plus l'élève, nous obéissons aux volontés de la nature et nous mettons nos procédés en harmonie avec ses lois.

Nous sommes donc ainsi mis sur la voie de la doctrine depuis longtemps proclamée par Pestalozzi, à savoir que, dans son ordre comme dans ses méthodes, l'éducation doit se conformer à la marche naturelle de l'évolution mentale; qu'il y a un certain ordre de succession pour le développement spontané des facultés, et un genre particulier de connaissances que chacune de ces facultés réclame pendant son développement; et que c'est à nous de découvrir cet ordre et à fournir aux facultés leurs aliments. Toutes les améliorations que nous avons rapportées plus haut sont des applications partielles de ce principe général. Une idée vague de cette vérité commence à se répandre parmi les instituteurs, et elle s'établit tous les jours davantage dans les ouvrages sur l'éducation. « La méthode de la nature est l'archétype des méthodes, » dit M. Marcel. « Le principe vital de l'enseignement, écrit M. Wyse, c'est d'apprendre à l'élève à s'instruire lui-même comme il faut. » Plus la science nous familiarise avec la nature des choses, plus nous voyons qu'il y a en elle une vertu suffisante. Plus notre connaissance s'élève, plus nous sommes disposés à restreindre notre immixtion dans la marche de la nature. De même qu'en médecine, le *traitement héroïque* d'autrefois a fait place à un traitement plus doux, et qu'on s'abstient souvent de tout traitement en se bornant à un régime régulier; de même qu'on a reconnu inutile de mouler le corps des nourrissons dans des maillots, à la façon des Papous, ou autrement ; de même encore qu'on a découvert qu'aucune discipline, si habilement combinée qu'elle puisse être, ne vaut pour la moralisation d'un prisonnier la discipline naturelle du travail nourricier : de même aussi, en matière d'éducation, nous nous apercevons que nous ne pouvons obtenir le succès qu'en subordonnant nos voies à ce développement spontané par lequel passent tous les esprits pour parvenir à la maturité.

Il va sans dire que ce principe fondamental de l'éducation, à savoir que la distribution des études et leur méthode doivent correspondre à l'ordre d'évolution et au mode d'activité des facultés, principe si visiblement vrai qu'une fois établi il semble évident par lui-même, n'a jamais été complétement mis en oubli. Les maîtres y ont nécessairement eu égard dans leurs cours d'études scolaires, par la bonne raison que l'éducation n'est possible qu'à cette condition. On n'a jamais enseigné la règle de trois aux enfants avant qu'ils eussent appris à faire des additions. On ne leur a jamais fait faire de compositions avant qu'ils sussent écrire. Les sections coniques ont toujours été précédées par les éléments d'Euclide. Mais l'erreur des vieilles méthodes consiste en ceci : qu'elles n'admettent point dans le détail ce qu'elles admettent dans le général. Cependant, le principe s'applique à tout. Si des années doivent s'écouler depuis le moment où l'enfant peut concevoir le rapport de position entre deux objets, jusqu'au moment où il peut concevoir la terre comme une sphère formée de continents et de mers, couverte de montagnes, de forêts, de rivières et de villes, roulant sur son axe et tournant autour du soleil, s'il passe, par degrés, d'une notion à l'autre; si les notions intermédiaires sont de plus en plus étendues et diverses, n'est-il pas évident qu'il existe un ordre général de succession par lequel il doit passer; que chaque notion plus étendue se compose de notions moindres qu'elle présuppose; et que, présenter ces notions composées à l'enfant, avant qu'il en possède les éléments, est à peu près aussi absurde que de lui présenter la notion finale de la série avant la notion initiale. Pour se rendre maître d'un sujet, il faut passer par une suite d'idées de plus en plus complexes. L'évolution des facultés correspondantes consiste dans l'assimilation de ces idées : ce qui en réalité est impossible, si elles ne sont pas présentées à l'esprit dans l'ordre normal. Et quand cet ordre n'est pas observé, il en résulte qu'elles sont reçues avec apathie, avec dégoût; et qu'à moins que l'élève ne soit assez intelligent pour combler lui-même au besoin les lacunes, ces idées restent dans sa mémoire à l'état de faits morts dont il ne peut guère se servir.

Mais pourquoi, dira-t-on, nous mettre en peine de chercher un système d'éducation? S'il est vrai que l'esprit, comme le corps, a son évolution déterminée d'avance; s'il se développe spontanément; si son appétit pour tel ou tel genre de connaissances s'éveille quand ces connaissances sont nécessaires à sa nutrition; s'il possède en lui-même un stimulant au genre d'activité dont il a besoin à chaque période de son développement, pourquoi intervenir d'aucune manière? Pourquoi ne pas laisser les enfants *complétement* à la discipline de la nature? Pourquoi ne pas rester tout à fait passifs, et les laisser acquérir la science comme ils pourront? Pourquoi ne pas être conséquent jusqu'au bout? Ceci est une question qui paraît embarrassante. Comme elle implique, d'une façon en apparence plausible, qu'un système de complet *laissez-faire* est le produit logique des doctrines mises en avant, il semble qu'il soit fourni une preuve contre elles par la *reductio ad absurdum*. Cependant, quand elles sont bien comprises, ces doctrines ne nous placent point dans cette position insoutenable. Un coup d'œil jeté sur les analogies matérielles le montrera clairement. C'est une loi connue de la vie que plus un organisme à produire est complexe, plus la période pendant laquelle il dépend pour sa nourriture et pour sa protection de l'organisme qui l'engendre est prolongée. La différence entre le spore ténu d'une conferve, vivant de sa vie propre, rapidement formé, et le germe lentement développé d'un arbre, avec ses enveloppes multipliées et l'approvisionnement de nourriture qu'elles contiennent pour alimenter le germe pendant les premières périodes de son développement, fournit dans le monde végétal la preuve de ce fait. Dans le monde animal, nous pouvons le reconnaître dans une série de contrastes, depuis la monade dont les deux moitiés, après s'être spontanément divisées, se suffisent séparément à elles-mêmes aussi complétement qu'elles se suffisaient quand elles formaient un tout, jusqu'à la créature humaine, qui, non-seulement passe par une gestation prolongée et a besoin d'une longue lactation pour vivre, mais attend ensuite qu'on lui présente ses aliments, puis, pendant longtemps encore, dépend de ses parents pour la nourriture, l'abri, le vêtement, et n'est en état de se suffire à elle-même que quinze ou vingt ans après sa naissance. Or, cette loi s'applique à l'esprit comme au corps. Pour ce qui est de la nourriture de l'esprit, tout être supérieur, spécialement l'homme, dépend d'abord du secours de l'adulte. Comme le petit enfant ne peut se mouvoir, il lui est aussi impossible de s'emparer de matériaux sur lesquels exercer sa faculté de conception qu'il lui est impossible de s'emparer des aliments que son estomac réclame. Comme il ne peut préparer sa nourriture, il ne peut pas non plus ramener ses connaissances à la forme sous laquelle elles lui sont assimilables. Le langage, cet agent par lequel nous acquérons toutes les vérités d'ordre supérieur, lui est transmis par ceux qui l'entourent. Et nous voyons, par des exemples semblables à celui du petit sauvage de l'Aveyron, qu'il survient un arrêt dans le développement humain, quand il n'est pas aidé par les parents et les gouvernantes. Ainsi, en présentant jour par jour à l'enfant les faits à sa portée, en les préparant d'une manière convenable, en lui en mesurant la quantité, et en mettant entre les leçons les intervalles voulus, on a un champ d'activité aussi large devant soi pour ce qui est de la nourriture de l'esprit que pour ce qui est de la nourriture du corps. Dans l'un et l'autre cas, la principale fonction des parents, consiste à veiller à ce que les *conditions* requises pour le développement de l'enfant ne fassent pas défaut. Et de même qu'en procurant à l'enfant la nourriture, le vêtement et l'abri, ils n'interviennent pas dans le développement spontané des membres et des viscères, lequel suit sa marche et sa loi, de même, ils peuvent lui fournir des sons à imiter, des objets à examiner, des livres à lire, des problèmes à résoudre, sans troubler en aucune manière, et même en la facilitant beaucoup, la marche naturelle de l'évolution mentale. Il suffit pour cela qu'ils n'usent de coercition ni directe ni indirecte. Il s'ensuit que les doctrines que nous avons énoncées n'impliquent pas, comme on pourrait le prétendre, l'abandon de tout enseignement. Elles laissent, au contraire, un vaste champ pour établir un système actif et soigneusement élaboré d'éducation.

Passant des généralités aux considérations particulières, on peut remarquer que, dans la pratique, le système de Pestalozzi n'a guère rempli les promesses que contenait sa théorie. On dit que les enfants ne paraissent prendre aucun plaisir à ses leçons, et semblent plutôt y trouver de l'ennui. Jusqu'ici, les écoles pestalozziennes n'ont point donné une proportion extraordinaire d'hommes distingués. Peut-être même n'ont-elles point atteint la proportion moyenne des autres écoles. Cela ne nous surprend point. Le succès d'une méthode dépend de l'intelligence avec laquelle elle est appliquée. C'est une banalité de dire que les meilleurs outils font de mauvais ouvrage dans la main d'un mauvais ouvrier. Nous dirons même que de mauvais maîtres échoueront avec les meilleures méthodes; c'est l'excellence même de la méthode qui devient alors la cause de l'insuccès; de même que, pour continuer la comparaison, la perfection de l'outil est, dans une main inhabile, une source d'imperfection dans les résultats. Une méthode simple, invariable, presque mécanique, comme l'est la routine suivie, peut être appliquée par les esprits les plus ordinaires et produire sûrement le peu de bons effets qu'elle est susceptible de produire; mais un système d'éducation complet, — système aussi hétérogène dans ses applications que l'esprit en ses facultés, — un système qui demande l'emploi d'un moyen spécial pour chaque objet spécial, exige chez ceux qui sont chargés de l'appliquer une force d'intelligence que peu d'hommes possèdent. Toute maîtresse d'école peut faire épeler des petites filles, le premier maître venu peut dresser des garçons à répéter la table de multiplication; mais pour apprendre à épeler comme il faut, en faisant que les lettres parlent à l'esprit plus qu'aux oreilles, pour instruire les enfants dans la science des combinaisons numériques par la synthèse expérimentale, il faut un certain degré d'intelligence; et pour poursuivre l'application d'un pareil système rationnel pendant le cours entier des études, il faut un degré de jugement, d'invention, de sympathie, de puissance d'analyse, qu'on n'y apportera jamais, tant que la carrière de l'enseignement ne sera pas tenue en plus haute estime. L'enseignement vraiment rationnel ne peut être donné que par un vrai philosophe. Qu'on juge des chances qui attendent aujourd'hui une méthode philosophique! Ne sachant presque rien encore en psychologie, et ayant dans nos écoles, comme professeurs et comme maîtres, des hommes qui ignorent tout à fait le peu que l'on sait en ces matières, comment pourrait réussir un système qui repose tout entier sur la science psychologique?

Il est résulté une autre difficulté et plus de découragement encore de la confusion qu'on a faite entre le principe pestalozzien et les formes qu'on lui a données. Parce que les plans particuliers d'application qu'on a formés n'ont pas répondu à l'attente de leurs auteurs, on a jeté du discrédit sur la doctrine qui y est associée; et cela sans s'informer si les plans et la doctrine étaient réellement bien d'accord. Jugeant, comme à l'ordinaire, au point de vue concret, plutôt qu'au point de vue abstrait, on a condamné la théorie, parce qu'elle avait été maladroitement appliquée. C'est comme si l'on eût dit que le premier essai mal conçu de machine à vapeur, prouvait que la vapeur ne pouvait point être utilisée comme force motrice. Qu'on n'oublie point que, si Pestalozzi était dans le vrai quant à toutes les applications de son système, il ne s'ensuit pas qu'il fût dans le vrai quant aux applications qu'il en a faites. Tel qu'il est peint par ses admirateurs eux-mêmes, Pestalozzi était un homme d'intuitions partielles ; un homme qui avait des éclairs de lumière, plutôt qu'il ne suivait systématiquement sa pensée. Son premier grand succès à Stantz a été obtenu, quand il n'avait aucun livre d'enseignement et quand il ne s'occupait « que de chercher à tout moment quel genre de connaissances réclamait l'esprit de ses enfants, et quelle était la meilleure manière de les relier avec celles qu'ils possédaient déjà. » Une grande partie de sa force venait, non d'un plan d'éducation qu'il aurait mûri et raisonné avec calme, mais de la puissance de sympathie qui lui donnait une perception vive des besoins des enfants et des difficultés qui les arrêtaient. Il lui manquait la faculté de développer et de coordonner d'une façon logique les vérités dont son esprit se saisissait de temps en temps. Il laissait en grande partie cette tâche à ses assesseurs, Kruesi, Tobler,

Buss, Niederer et Schmid. Le résultat est que, dans les détails, ses plans, et plus encore les plans faits par ses assistants, contiennent beaucoup d'ébauches informes et d'inconséquences. Sa méthode d'éducation pour les enfants en bas âge, exposée dans le *Manuel de la Mère*, qui commence par énumérer les différentes parties du corps, puis qui spécifie leurs positions relatives, et ensuite leurs rapports, n'est pas du tout conforme à la marche naturelle de l'esprit dans la période initiale de son évolution. Sa manière d'enseigner la langue maternelle, par des exercices formels sur le sens des mots et sur la construction des phrases, est complétement inutile et constitue une perte de temps, de travail et de bonheur pour l'enfant. Les leçons de géographie qu'il propose, s'écartent tout à fait de la doctrine pestalozzienne. Souvent, là où son plan est bon, il se trouve qu'il est incomplet ou vicié par quelque reste du vieux régime. Ainsi, tandis que nous approuvons l'application complète de la doctrine générale de Pestalozzi, nous pensons qu'on peut faire beaucoup de mal en adoptant sans examen ses méthodes spécifiques. La tendance persistante de l'humanité à consacrer les formes et les pratiques sous l'enveloppe desquelles on lui a transmis quelque grande vérité, sa disposition à se prosterner devant le prophète et à jurer par sa parole, sa facilité à prendre le vêtement de l'idée pour l'idée elle-même, tout cela rend nécessaire d'insister sur la distinction à faire entre les principes fondamentaux du système de Pestalozzi et l'ensemble de moyens qu'on a imaginés pour les appliquer, et de faire remarquer que, tandis que les uns sont établis, les autres ne sont probablement que des ébauches d'application normale. En vérité, quand on considère l'état de la science, on peut être certain que tous ces essais ne sont que cela. Avant qu'on puisse mettre les méthodes d'enseignement en harmonie, comme caractère et comme arrangement, avec les facultés mentales dans leur mode et dans leur ordre de développement, il faut d'abord que l'on sache parfaitement comment ces facultés se développent. Jusqu'à présent, nous n'avons acquis sur ce point que quelques notions générales. Il faut, des notions générales, avoir passé aux notions détaillées ; il faut que ces notions soient transformées en une multitude de propositions spécifiques, pour qu'on puisse dire que nous possédons la *science* sur laquelle l'*art* de l'éducation doit être fondé. Et après qu'on saura définitivement dans quelle succession, par quelles combinaisons, les forces mentales entrent en jeu, il restera à choisir, entre tous les moyens possibles d'exercer les facultés, celui qui est le plus conforme au mode d'action de la nature. Évidemment, on ne peut supposer que nos méthodes d'enseignement les plus avancées soient ce qu'elles doivent être, ni même qu'elles en approchent.

Ayant donc présente à l'esprit cette distinction entre la théorie et la pratique dans le système de Pestalozzi, et comprenant que, par les raisons que nous en avons données, la dernière doit nécessairement être défectueuse, le lecteur estimera à sa vraie valeur le désappointement que quelques personnes ont exprimé au sujet de ce système ; il verra que l'idée pestalozzienne est encore à réaliser. Si l'on prétendait, cependant, en se fondant sur ce que nous avons dit, que cette réalisation n'est point praticable de nos jours et qu'il faut consacrer tous nos efforts à des recherches préliminaires, nous répondrions que, bien qu'il ne soit point possible de rendre parfait, ni dans le fond ni dans la forme, aucun système d'éducation, avant qu'une psychologie rationnelle ait été établie, on peut, à l'aide de certains principes dirigeants, et par des moyens empiriques, faire quelque progrès vers la perfection désirée. Pour ouvrir la voie à des recherches plus étendues, nous allons spécifier ces principes. Quelques-uns d'entre eux sont plus ou moins clairement impliqués dans les considérations précédentes. Mais il n'est pas hors de propos de les exposer tous dans leur ordre logique.

1. Qu'en matière d'éducation, nous procédions du simple au composé, c'est là une vérité sur laquelle on s'est, dans une certaine mesure, toujours fondé : à vrai dire, non d'une manière déclarée, ni conséquente. L'esprit se développe. Comme toutes les choses qui se développent, il progresse de l'homogène à l'hétérogène; et comme un système normal d'éducation est la contre-partie objective de cette marche subjective, il doit contenir la même progression. De plus, en l'in-

terprétant ainsi, cette formule a une portée bien plus étendue qu'on ne le croit d'abord ; car son principe implique, non-seulement que nous devons procéder du simple au composé dans l'enseignement de chaque branche de la science, mais que nous devons en faire de même en ce qui touche à la connaissance tout entière. Comme l'esprit se compose d'abord d'un petit nombre de facultés actives, et que les facultés développées en lui plus tard entrent successivement en jeu, jusqu'à ce qu'enfin elles fonctionnent toutes simultanément, il s'ensuit que l'enseignement ne doit embrasser d'abord qu'un petit nombre de sujets, et y ajouter ensuite successivement, jusqu'à ce qu'il les comprenne tous. Ce n'est pas seulement dans les détails que l'éducation doit procéder du simple au composé, c'est aussi dans l'ensemble.

2. Le développement de l'esprit, comme tous les autres développements, est un progrès de l'indéfini au défini. De même que le reste de l'organisme, le cerveau n'arrive à la perfection de sa structure que dans la maturité ; et moins sa structure est parfaite, moins ses fonctions ont de précision. De là vient que les premières perceptions et les premières idées sont vagues, comme les premiers essais de langage, comme les premiers mouvements. De même que d'un œil rudimentaire, distinguant seulement la lumière des ténèbres, le progrès est à un œil qui distingue les nuances et les détails de forme avec une grande exactitude ;

de même, l'intelligence, considérée dans son ensemble ou dans chacune de ses facultés, commence par les distinctions les plus grossières entre les objets et les actions, pour finir par des distinctions d'une finesse et d'une netteté croissantes. Nos cours d'études et nos méthodes d'éducation doivent se conformer à cette loi générale. Il n'est pas possible, et il n'est pas désirable, fût-ce possible, de faire entrer des idées précises dans un esprit non développé. Nous pouvons, à la vérité, transmettre de bonne heure à l'enfant les formes verbales dans lesquelles ces idées sont enveloppées ; et quand les maîtres l'ont fait, ils se persuadent ordinairement qu'ils lui ont transmis les idées ; mais le moindre contre-examen de l'élève prouve le contraire. On découvre, ou que les mots ont été logés dans sa mémoire sans la moindre compréhension de leur sens, ou que la perception de leur sens est chez lui tout à fait obscure. Ce n'est que lorsque la multiplicité des expériences est venue lui fournir des matériaux pour des conceptions définies ; ce n'est que lorsque l'observation lui a dévoilé, année par année, les attributs des choses et leur marche dans ce qu'ils ont de moins visible et ce qu'il avait d'abord confondu ; ce n'est que lorsque l'idée de classe et l'idée de série lui ont été rendues familières par la répétition des cas qui se rangent dans leurs catégories ; ce n'est que lorsque les différentes classes de rapports se sont nettement accusées dans son esprit par leur limitation mutuelle : ce n'est qu'alors que les définitions d'une science avancée peuvent devenir véritablement inintelligibles pour lui. Ainsi nous devons nous contenter, dans l'éducation, de commencer par des notions grossières, puis tendre à les éclaircir graduellement, en facilitant à l'enfant l'acquisition d'une expérience qui corrigera d'abord les plus grosses erreurs, et ensuite, successivement, les erreurs moindres. La formule scientifique ne doit être donnée que lorsque les conceptions sont arrivées à leur perfection.

3. Dire que les leçons doivent partir du concret pour aller à l'abstrait, c'est, en apparence, répéter en partie le premier principe que nous avons posé. Cependant, c'est une maxime qu'il faut énoncer, au moins dans le but de montrer ce que sont réellement, en certains cas, le simple et le composé; car, malheureusement, il y a eu beaucoup de malentendus sur ce point. Les hommes croient que, parce que les formules générales qu'ils ont trouvées pour exprimer des groupes de cas particuliers ont simplifié leurs conceptions l'une après l'autre en réunissant plusieurs faits en un seul, ces mêmes formules simplifieront de même les conceptions d'un enfant. Ils oublient qu'une généralisation n'est simple qu'en comparaison de la masse entière de vérités particulières qu'elle comprend, mais qu'elle est plus complexe qu'aucune de ces vérités prise isolément; que ce n'est qu'après qu'un certain nombre de ces vérités isolées ont été acquises que la généralisation soulage l'esprit et aide la raison, et que,

pour un esprit qui ne possède point les vérités isolées, la généralisation reste nécessairement un mystère. C'est ainsi que, confondant deux espèces de simplifications, les maîtres ont constamment erré en commençant par les « premiers principes : » manière de procéder essentiellement, sinon en apparence, contraire à la règle principale, qui est de présenter à l'esprit les principes par l'intermédiaire des exemples, de le conduire du particulier au général, du concret à l'abstrait.

4. L'éducation de l'enfant doit s'accorder, dans le mode et dans l'ordre suivis, avec l'éducation de l'humanité, considérée au point de vue historique. En d'autres termes, la genèse de la science chez l'individu doit suivre la même marche que la genèse de la science dans la race. A la rigueur, on peut regarder ce principe comme déjà énoncé par implication ; puisque ces deux développements de la connaissance sont deux évolutions, ils doivent se conformer aux lois générales de l'évolution, sur lesquelles nous avons insisté plus haut, et, par conséquent, s'accorder entre eux. Cependant, ce parallélisme particulier a sa valeur à cause de la lumière de direction qu'il fournit dans l'espèce. Nous croyons que c'est à M. Comte que la société en doit l'énonciation ; et nous pouvons accepter cet article de sa philosophie, sans nous engager du tout pour le reste. Cette doctrine peut être soutenue par deux raisons, tout à fait indépendantes de toute

théorie abstraite, et toutes les deux suffisantes pour l'établir. La première se déduit de la loi de transmission héréditaire, envisagée dans ses conséquences les plus étendues. Car, s'il est vrai que les hommes ressemblent à leurs ancêtres, sous le double rapport du physique et du caractère; s'il est vrai que certains phénomènes mentaux, comme la folie, se produisent chez les membres successifs de la même famille, à un âge déterminé; si, passant des individus (pour qui les traits des ancêtres éloignés, se mêlant à ceux des ancêtres immédiats, la loi se trouve obscurcie) aux types nationaux, nous remarquons à quel point ceux-ci sont persistants de siècle en siècle; si nous nous souvenons que ces types respectifs dérivent d'une souche commune, et que, par conséquent, les différences actuelles proviennent de l'action des circonstances modificatrices sur les générations successives, qui chacune en ont transmis les effets accumulés à leurs descendants; si les différences sont devenues organiques, de telle sorte qu'un enfant français deviendra un Français, quoiqu'il soit élevé au milieu d'étrangers; et si le fait général dont ceci est un exemple s'étend à toute la nature, y compris l'intelligence humaine, il s'ensuit que, du moment où il a existé un ordre dans lequel l'humanité a acquis les différentes sortes de connaissances qu'elle possède, il existe chez l'enfant une prédisposition à acquérir ces connaissances dans le même ordre. De façon que, lors même que cet ordre serait en lui-même indifférent, ce serait rendre l'éducation plus facile que de conduire l'esprit de l'individu par les chemins qu'a suivis l'esprit de la race. Mais cet ordre *n'est pas* indifférent en lui-même. Et de là, la raison fondamentale pour laquelle l'éducation doit reproduire, en petit, l'histoire de la civilisation. On peut prouver, à la fois, que l'ordre de succession historique est nécessaire dans ses principaux aperçus, et que les causes qui le déterminent s'appliquent à l'enfant comme à la race. Pour ne pas entrer dans l'exposé détaillé de ces causes, il suffit de dire ici que, puisque l'intelligence humaine, placée au milieu des phénomènes et s'efforçant de les comprendre, est, après une suite infinie de comparaisons, de spéculations, d'expériences, de théories, arrivée à la science de chaque sujet par une route particulière, on peut inférer raisonnablement de là que le rapport de l'esprit aux phénomènes est tel, qu'il ne peut acquérir cette science par aucune autre route; et que l'esprit de l'enfant étant dans le même rapport aux phénomènes, ceux-ci ne peuvent être mis à sa portée que par la même route. De là vient que, pour trouver la bonne méthode d'éducation, il faut consulter la marche qu'a suivie la civilisation.

5. Une des conclusions auxquelles on est conduit par là, c'est que, dans chaque branche de connaissances, il faut procéder de l'empirique au rationnel. Dans la marche du progrès humain, chaque science sort de l'art

qui lui correspond. Il résulte de la nécessité où nous sommes, comme individus et comme race, d'arriver à l'abstrait par la voie du concret, qu'une expérience répétée et des généralisations empiriques doivent exister avant que la science puisse être. La science est la connaissance organisée ; et pour que la connaissance puisse être organisée, il faut d'abord qu'elle existe. Par conséquent, toute étude doit avoir des commencements purement expérimentaux ; et le raisonnement ne doit arriver que lorsqu'on possède déjà un ample fonds d'observations accumulées. Comme exemple de cette règle, nous pouvons citer l'habitude qu'on commence à prendre d'enseigner la grammaire après la langue, ou la coutume qu'on a ordinairement de faire dessiner les élèves longtemps avant de leur expliquer les lois de la perspective. Nous en indiquerons encore d'autres applications tout à l'heure.

6. Un second corollaire du principe général que nous venons d'énoncer, corollaire sur lequel on ne saurait trop insister, c'est qu'en matière d'éducation, il faut encourager de toutes ses forces le développement spontané. Il faudrait que l'enfant fût conduit à faire lui-même les recherches, à tirer lui-même les conséquences de ses découvertes. Il faudrait lui *dire* le moins possible, et lui faire *trouver* le plus possible. L'humanité n'a progressé qu'en faisant son instruction elle-même; et les éclatants succès des hommes qui se sont formés eux-mêmes, prouvent continuellement que, pour obtenir les meilleurs résultats, chaque esprit doit procéder

en quelque sorte de la même manière. Les personnes qui ont été élevées sous la discipline ordinaire des écoles, et qui en ont emporté l'idée que l'éducation ne peut se faire autrement, regarderont comme impossible de faire d'un enfant son propre instituteur. Si elles veulent cependant réfléchir que la connaissance fondamentale, importante, des objets qui l'entourent est acquise par le petit enfant sans le secours de personne; si elles se souviennent qu'il apprend seul sa langue maternelle; si elles se rendent bien compte de la somme d'observations, d'expériences, de connaissances extra-scolaires que chaque sujet acquiert par lui-même; si elles remarquent l'intelligence extraordinaire qui se développe chez le gamin abandonné dans les rues de Londres, et cela dans toutes les directions où les circonstances au milieu desquelles il vit sollicitent ses facultés; si enfin elles veulent réfléchir au nombre d'esprits qui se sont frayé la voie par leurs seules forces au milieu des obscurités de notre cours d'études, si irrationnel, et d'une multitude d'autres obstacles, elles trouveront peut être qu'il n'est pas déraisonnable de conclure que, si les objets lui étaient seulement présentés dans le bon ordre et de la bonne manière, tout élève doué d'une capacité ordinaire, pourrait surmonter presque sans assistance les difficultés successives qu'il rencontrerait. Qui pourrait être témoin de l'activité incessante avec laquelle un enfant observe, interroge, conclut; qui pourrait entendre ses remarques avisées sur les choses qui sont à la portée de ses facultés présentes, sans apercevoir que, si l'on appliquait d'une façon systématique cette activité aux études qui sont *également à sa portée,* il en viendrait à bout sans aucun secours ? Le besoin qu'a l'enfant qu'on lui dise tout vient de notre stupidité, non de la sienne. Nous l'arrachons aux faits qui l'intéressent et qu'il est en train de s'assimiler activement. Nous mettons devant ses yeux des faits beaucoup trop complexes pour lui, et qui, par conséquent, l'ennuient. Quand nous voyons qu'il n'appréhendera pas ces faits volontairement, nous les introduisons dans son esprit à force de menaces et de châtiments. En le privant des connaissances auxquelles il aspire, et en le bourrant des connaissances qu'il ne peut pas digérer, nous produisons un état morbide des facultés, et, par suite, le dégoût de toute étude. Et quand l'indolence stupide de l'esprit qu'on produit ainsi, jointe à la continuation du régime qu'on lui impose, a amené l'enfant à ne plus rien comprendre sans explications, et à n'être plus qu'un récipient passif de nos propres idées, nous en concluons que l'éducation ne peut être faite que par voie de transmission. Ayant produit, par notre méthode, la passivité chez l'enfant, nous faisons de sa passivité un motif de continuer l'application de notre méthode. Il est donc clair que l'expérience des pédagogues ne peut être invoquée contre notre système. Et quiconque le reconnaîtra, verra que nous pouvons suivre jusqu'au bout avec confiance la discipline de la nature; que nous pouvons, en exerçant habilement notre ministère, faire en sorte que l'esprit se développe aussi spontanément dans ses dernières phases que dans les premières, et qu'à cette condition seulement, nous le ferons parvenir au plus haut degré de force et d'activité.

7. Comme une dernière pierre de touche qui peut nous faire juger de l'excellence d'un plan d'éducation, vient cette question : Y-a-t-il chez l'enfant excitation agréable ? Toutes les fois qu'il y a du doute sur la question de savoir lequel de deux modes ou de deux ordres d'études est le plus en harmonie avec les principes précédemment posés, nous pouvons avec sûreté nous servir de ce criterium. Même lorsque l'un des deux paraît meilleur en théorie, du moment où il n'excite point l'intérêt, ou bien l'excite à un moindre degré que l'autre, il faut y renoncer ; car les instincts intellectuels d'un enfant sont plus sûrs que nos raisonnements. A l'égard des facultés de compréhension, nous pouvons être certains que, sous des conditions normales, la saine activité est agréable, et que l'activité pénible n'est pas saine. Quoique jusqu'ici la nature émotionnelle ne se conforme que très-imparfaitement à cette loi, la nature intellectuelle s'y conforme à peu près parfaitement, au moins dans ce que l'enfant en manifeste. Les répugnances qu'il témoigne pour telle ou telle étude, au grand déplaisir du maître, ne sont pas des répugnances innées, mais des répugnances produites par le système peu judicieux suivi par celui-ci. Fallenberg a dit : « L'expérience m'a appris

que *l'indolence* chez les jeunes gens, est chose si contraire à leur besoin naturel d'activité, qu'à moins que d'être l'effet d'une mauvaise éducation, c'est presque toujours la marque de quelque défaut constitutionnel. » Et l'activité spontanée à laquelle les enfants sont enclins, a pour mobile la recherche du plaisir que cause l'exercice salutaire des facultés. Il est vrai que quelques-unes de nos facultés supérieures, encore peu développées chez la race, et que ne possèdent à un certain degré que les meilleures organisations, ne se portent pas toujours à une activité suffisante pour leur objet. Mais, en vertu même de leur complexité, elles n'auront besoin de s'exercer que tard; et l'élève, quand il aura lieu de s'en servir, sera parvenu à un âge où des mobiles extérieurs entrent en jeu, et où le plaisir indirect vient contre-balancer le déplaisir direct. Mais à l'égard de toutes les facultés qui ne sont pas les facultés supérieures, le plaisir immédiat que cause l'activité est le stimulant ordinaire, et, si l'on s'y prend bien, le seul stimulant nécessaire. Quand nous sommes obligés d'en employer un autre, nous devons y voir la preuve que nous sommes dans une fausse voie. L'expérience montre tous les jours plus clairement qu'il y a toujours une manière d'intéresser, d'intéresser même délicieusement, les enfants; et toutes les autres pierres de touche, si on les consulte, nous prouvent que cette manière est justement la bonne à tous les autres égards.

Ces principes dirigeants n'auront pas un grand poids pour certaines personnes, si on ne les présente que sous une forme abstraite. Ainsi, tant pour fournir des exemples de leur application que pour arriver à faire plusieurs suggestions particulières, nous nous proposons de passer maintenant de la théorie à **la pratique de l'éducation.**

C'était l'opinion de Pestalozzi, et cette opinion gagne tous les jours du terrain, qu'il y a une sorte d'éducation qui doit commencer au berceau. Quiconque a vu les yeux grands ouverts d'un petit enfant se fixer sur tout ce qui l'entoure, sait bien que son éducation commence, en fait, de bonne heure, que nous le voulions ou non; et que ses petits doigts qui touchent à tout, qui portent à la bouche tous les objets qu'ils peuvent saisir, servent à faire faire à son esprit les premiers pas dans la voie qui mène à la découverte des planètes invisibles, à l'invention des machines à calculer, à la production des grandes œuvres de peinture, à la composition de symphonies et d'opéras. Cette activité des facultés étant, dès le début, spontanée et irrépressible, la question est de savoir si nous lui fournirons une variété de matériaux sur lesquels elle puisse s'exercer; et à cette question, on ne peut faire qu'une réponse affirmative. Toutefois, comme nous l'avons dit plus haut, on peut être d'accord avec la théorie de Pestalozzi, sans être d'accord avec sa pratique; et ici se présente précisément un cas de divergence d'opinion avec lui. Parlant de la manière d'apprendre à lire, il dit :

« Le livre à épeler doit donc renfermer tous les sons employés dans le langage, et l'on doit les enseigner dans les familles depuis la plus tendre enfance. L'enfant qui apprend à épeler dans son livre, doit répéter ces sons à l'enfant au berceau, avant que celui-ci puisse en former un seul, de façon qu'ils soient profondément imprimés dans son esprit par la répétition fréquente. »

Si l'on ajoute à cela les conseils contenus dans le *Manuel de la mère*, au sujet de la méthode d'éducation applicable à l'enfant en nourrice, dans lesquels l'auteur fait de remarques sur le nom, la position, les rapports, le nombre, les propriétés du corps et des membres, le sujet des premières leçons, il est clair que les notions de Pestalozzi sur le développement mental de l'homme, au début de la vie, étaient trop grossières pour qu'il pût trouver un plan judicieux. Voyons la marche qu'indique la psychologie.

Les premières impressions que l'esprit puisse s'assimiler sont les sensations indécomposables de résistance, de lumière, de son, etc. Il est évident que des états de conscience décomposables ne peuvent pas exister, antérieurement aux états de conscience, dont ils sont les composés. On ne peut avoir aucune idée de forme avant d'avoir appris à connaître la lumière dans ses gradations et ses qualités, ou la résistance dans ses différents degrés d'intensité; car, on le sait depuis longtemps, nous reconnaissons la forme visible par les variations de la lumière, et la forme tangible par les variations de la résistance. De même, on ne peut connaître aucun son articulé avant que de connaître les sons inarticulés qui les composent. Il doit en être ainsi dans les cas analogues. Donc, pour suivre la loi de progression nécessaire du simple au composé, nous devrions procurer à l'enfant un nombre suffisant d'objets présentant différents degrés et différentes sortes de résistance, différents degrés et différentes qualités de lumière, et produire à ses oreilles un nombre suffisant de sons, différant en force, en tonalité et en timbre. Nous voyons combien cette conclusion *à priori* est justifiée par les instincts de l'enfance, quand nous observons le plaisir avec lequel le petit enfant mord ses jouets, palpe les boutons brillants de la jaquette de son frère et tire les favoris de son papa; quand nous remarquons combien il est absorbé par la vue d'un objet peint en couleurs voyantes, objet auquel il applique le mot de *joli* aussitôt qu'il peut le prononcer, uniquement à cause de l'éclat des couleurs; et comme sa figure s'épanouit dans un sourire, en entendant le babil de sa nourrice, le claquement de doigt d'un visiteur, ou toute espèce de son nouveau pour lui. Heureusement, les habitudes des bonnes et des nourrices répondent assez bien à ces premiers besoins de l'éducation. Il reste cependant beaucoup à faire, et il est plus important que ce soit fait qu'on ne pourrait d'abord le croire. Chacune de nos facultés est plus apte à recevoir des impressions vives pendant l'activité spontanée qui accompagne son évolution que pendant toute autre période. De plus, comme les éléments simples ont besoin d'être acquis, et comme leur acquisition prendra du temps à l'époque où elle se fera, c'est économiser ce temps que d'employer la première période de l'enfance, alors qu'aucun autre genre d'occupation intellectuelle n'est possible, à se familiariser complétement avec ces impressions, dans toutes leurs modifications. N'oublions pas que le caractère et la santé de l'enfant bénéficieront du plaisir continuel que lui apportera la multiplicité des impressions que tout enfant s'assimile avec tant d'ardeur. Si nous n'étions pas borné par les limites de ce livre, nous pourrions donner utilement ici quelques indications sur une manière plus systématique que la manière ordinaire de fournir la matière aux perceptions simples de l'enfant. Mais il suffit de rappeler la loi générale d'évolution de l'indéfini au défini, pour faire comprendre que l'on doit se régler sur le corollaire de cette loi, qui est que, pendant le développement de chaque faculté, les impressions fortement contrastées sont les premières perçues; qu'ainsi, les sons qui diffèrent beaucoup en force et en tonalité, les couleurs très-différentes entre elles, les substances qui ne se ressemblent ni en texture, ni en dûreté, doivent être les premiers sujets d'impression fournis, et que la progression doit être lente vers des impressions plus voisines les unes des autres.

Passant aux *leçons de choses,* qui forment évidemment une continuation naturelle de cette première culture des sens, nous ferons remarquer que le système communément suivi est complétement différent de celui de la nature, tel qu'il apparaît dans l'enfance, dans la vie adulte et dans l'histoire de la civilisation. « On devra, dit M. Marcel, *montrer* à l'enfant comment sont liées entre elles les différentes parties d'un objet, etc. ; » tout manuel de *leçons de choses* contient une liste de faits qu'on *dira* à l'enfant au sujet de chaque objet mis devant lui. Or nous savons par la plus légère observation de la vie journalière d'un enfant, que tout ce qu'il apprend avant de savoir parler, il l'apprend de lui-même ; que les propriétés de solidité et de pesanteur associées à certaines apparences, que les couleurs et les formes qui différencient les personnes, que la production de sons spéciaux par des animaux d'un certain aspect, sont des phénomènes qu'il observe tout seul. Dans l'âge adulte, quand on n'a plus de maîtres sous la main, on fait soi-même, heure par heure, ses observations ; l'on tire soi-même, jour par jour, les conclusions dont on a besoin pour se conduire ; et le succès dans la vie dépend de la façon plus ou moins complète dont on observe, plus ou moins exacte dont on conclut. Est-il donc probable que, lorsque nous voyons la marche suivie dans l'évolution de l'humanité tout entière se reproduire chez l'enfant et chez l'homme, une marche opposée doive être suivie pendant la période qui s'étend de l'enfance à la maturité, et cela, dans une chose aussi simple que d'apprendre à connaître les propriétés des objets? N'est-il pas clair, au contraire, qu'il faut suivre en tout et toujours la même méthode? Et la nature ne nous y conduit-elle pas continuellement, si nous avons seulement l'esprit de le voir et l'humilité de nous y soumettre? Qu'y a-t-il de plus manifeste que le désir de sympathie intellectuelle qu'éprouvent les enfants? Voyez le petit enfant assis sur vos genoux, comme il approche ses jouets de votre visage pour que vous puissiez les considérer! Voyez comme il vous regarde quand, de son doigt mouillé, il a produit un craquement sur la table! Comme il recommence et vous regarde encore, semblant vous dire : « Écoutez ce son nouveau! » Entendez les aînés qui entrent dans la chambre en criant: « Maman, regardez ceci, Maman, regardez cela! » habitude qu'ils conserveraient longtemps, si la sotte maman ne leur défendait point de la tracasser. Remarquez comment, lorsqu'ils sont à la promenade, tous les petits courent vers leur bonne pour lui montrer la fleur qu'ils ont cueillie, lui faire voir qu'elle est jolie, et lui faire dire qu'elle la trouve telle! Écoutez l'ardente volubilité avec laquelle tout marmot raconte les choses nouvelles qu'il a vues, si seulement il peut trouver quelqu'un pour lui prêter l'oreille! Devant de pareils faits, l'induction est toute tirée. N'est-il pas clair que nous devons conformer notre marche à ces instincts intellectuels, que nous devons systématiser le procédé de la nature, écouter tout ce que l'enfant a à nous dire sur chaque objet, l'encourager à dire le plus qu'il peut, attirer quelquefois son attention sur des faits qui lui ont échappé (cela, en vue de le mettre sur la voie de les observer de lui-même quand ils se représenteront), et bientôt lui fournir ou lui indiquer de nouvelles séries d'objets sur lesquels il puisse de même s'exercer par un examen complet? Voyez de quelle manière une mère intelligente dirige ses leçons en suivant cette méthode! Pas à pas, elle familiarise son enfant avec les noms des attributs simples : dureté, mollesse, couleur, goût, dimension; elle est, en cela, aidée par l'enfant lui-même, qui lui montre avec empressement que ceci est rouge, que cela est dur, aussitôt qu'elle lui a appris des mots pour exprimer ces propriétés. Au fur et à mesure qu'elle lui présente d'autres objets à voir et à toucher, elle attire son attention sur quelques-unes des propriétés additionnelles de ces objets, en ayant soin de les réunir dans une mention commune avec celles qu'il connaît déjà, de façon que, par la tendance naturelle à l'imitation, il prenne l'habitude de les répéter l'une après l'autre. Petit à petit, comme il se présente des cas dans lesquels il omet de mentionner une ou plusieurs des propriétés qu'il connaît, elle prend l'habitude de lui demander s'il n'a pas encore quelque chose à dire sur l'objet qu'il a devant lui. Il est probable qu'il ne trouve rien. Alors, elle le lui dit, après l'avoir laissé dans l'embarras pendant un moment, et en riant un peu de son insuccès. Après avoir répété cette épreuve plusieurs fois, il finit par savoir ce qu'il a à faire. La prochaine fois qu'elle lui dit qu'elle sait sur l'objet en question quelque chose de plus que lui, son orgueil est excité : il regarde avec attention, il repasse tout ce qu'il a entendu, et, le problème étant facile à trouver, il le découvre. Le voilà ravi de son succès, et elle sympathise avec lui. Comme tous les enfants, il se complaît à manifester ses facultés. Il désire de nouvelles victoires, et cherche quelque chose encore à lui dire. A mesure que ses facultés se déroulent, elle ajoute de nouvelles propriétés à sa liste, progressant de la qualité de dur à celle de doux, de celle de rugueux à celle d'uni, de la couleur au poli, des corps simples aux corps composés, compliquant toujours le problème en proportion de ses forces, demandant toujours davantage à son attention et à sa mémoire, soutenant toujours l'intérêt chez lui, en lui fournissant la matière de nouvelles impressions qu'il puisse s'assimiler, et lui donnant sans cesse la joie d'avoir vaincu les difficultés qu'il peut vaincre. En agissant ainsi, elle ne fait évidemment que suivre la marche spontanée suivie par l'enfant lui-même pendant la première période de sa vie; elle aide seulement à son évolution naturelle, et elle y aide de la manière qui lui est suggérée par la manière d'être instinctive de l'enfant. Il est évident que cette manière est la plus propre à donner à celui-ci l'habitude d'observer à fond, ce qui est l'objet déclaré des *leçons de choses*. Dire les choses à un enfant et les lui *montrer*, ce n'est pas là lui apprendre à observer, c'est faire de lui un simple récipient des observations des autres; c'est affaiblir, plutôt que fortifier, sa disposition naturelle à s'instruire spontanément; c'est le priver du plaisir que procure l'activité couronnée de succès ; c'est lui présenter l'attrayante acquisition des connaissances sous la forme d'un enseignement formel, et produire par là l'indifférence, le dégoût, que montrent souvent les enfants pour ces sortes de leçons. Au contraire, procéder de la manière que nous avons indiquée, c'est apporter à l'esprit la nourriture qu'il désire, c'est ajouter aux appétits intellectuels les sentiments qui leur sont naturellement associés : l'amour-propre et le besoin de sympathie; c'est amener par la réunion de tous ces motifs une intensité d'attention qui procure des perceptions fortes et complètes; c'est enfin habituer l'esprit, dès le commencement, à s'aider lui-même, habitude qu'il conservera toute la vie.

Les *leçons de choses* devraient non-seulement être données autrement qu'elles ne le sont, mais embrasser beaucoup plus d'objets qu'elles n'en embrassent, être

continuées beaucoup plus tard qu'on ne les continue.
Elles ne devraient pas être bornées aux objets renfermés dans la maison, mais comprendre ceux qui se trouvent dans les champs, dans les haies, dans les carrières et sur le bord de la mer. Elles ne devraient pas finir avec la première période de l'enfance, mais être suivies dans la jeunesse, de telle sorte qu'elles en vinssent insensiblement à se fondre avec les investigations du naturaliste et du savant. Ici encore, nous n'avons qu'à suivre les indications de la nature. Y a-t-il un plaisir plus vif que celui de l'enfant qui cueille une fleur nouvelle, qui ramasse un insecte inconnu, ou qui rassemble des cailloux et des coquillages? Et qui ne voit qu'en sympathisant avec lui, on peut l'amener à l'examen complet de leurs qualités et de leur structure? Tout botaniste qui a conduit des enfants dans les bois et dans les prés, a pu remarquer l'empressement avec lequel ils s'associent à ses travaux, l'ardeur qu'ils mettent à lui trouver des plantes, l'attention intense avec laquelle ils le suivent dans l'examen qu'il en fait, et la multitude de questions dont ils l'accablent. Un disciple de Bacon, conséquent avec lui-même, — serviteur et interprète de la nature, — comprendra qu'il doit modestement suivre les indications qui lui sont ainsi données. L'enfant qui a été familiarisé avec les propriétés simples des corps inorganiques devra être conduit, par le procédé déjà suivi, à l'examen complet des objets qu'il rencontre dans ses

promenades journalières. On commencera par les faits les moins complexes : dans les plantes, on remarquera la couleur, le nombre, la forme des pétales, celle des tiges et des feuilles; dans les insectes, le nombre des ailes, des pattes, des antennes et la couleur. Quand ces faits auront été constamment et complétement observés, on passera à d'autres : dans les fleurs, ce sera le nombre des étamines et des pistils, la forme de la corolle : est-elle rayonnée, bilatérale? L'arrangement et la physionomie des feuilles : sont-elles opposées ou alternées, pédonculées ou sessiles, luisantes ou veloutées, dentelées ou unies? Dans les insectes, ce sera les divisions du corps, les segments de l'abdomen, les marques des ailes, le nombre d'articulations des pattes, la disposition des moindres organes, et toujours le système à suivre devra être d'inspirer à l'enfant l'ambition de tout voir et de tout dire lui-même. Plus tard, quand l'âge convenable pour cette étude sera venu, on pourra, comme par faveur, indiquer à l'enfant les moyens de conserver ces plantes, auxquelles les connaissances acquises sont venues donner tant de prix, et peut-être, par une faveur plus grande encore, lui fournir l'appareil nécessaire pour préserver les larves de nos papillons ordinaires et de nos teignes communes pendant leurs transformations : amusement qui — nous en avons fait personnellement l'expérience — est des plus vifs, dure pendant des années, et qui, lorsqu'il devient le point de départ d'une collection entomologique, ajoute un immense intérêt aux promenades du dimanche et forme une excellente introduction à l'étude de la physiologie.

Nous nous attendons à ce qu'on nous réponde que c'est là perdre du temps et des forces, et que l'enfant ferait mieux d'écrire ses devoirs de collége et d'apprendre des tables de multiplication, pour se préparer aux travaux et aux affaires qui l'attendent dans la vie. Nous regretterions qu'on eût une idée si grossière de ce qui constitue l'éducation, et une conception si étroite de l'utilité. Sans parler de la nécessité qu'il y a de développer systématiquement les perceptions, et de la valeur de la méthode indiquée pour arriver à ce résultat, nous prétendons que les connaissances ainsi acquises ont de l'importance par elles-mêmes. Si les hommes ne doivent être que marchands, que teneurs de livres; s'ils ne doivent avoir d'autres idées que celles qui touchent à leur profession; s'il faut qu'ils ressemblent tous au badaud, qui ne conçoit pas d'autre plaisir champêtre que celui d'être assis sur une terrasse à fumer sa pipe et boire son porter, ou au squire, pour qui les bois ne sont autre chose que des endroits où l'on chasse, qui ne voit dans les plantes sauvages que des mauvaises herbes, et qui classe les animaux en gibier, vermine et bétail : alors, en effet, il est inutile d'apprendre autre chose que ce qui peut conduire à remplir la bourse et le grenier. Mais s'il existe des objets plus dignes de notre ambition; si les choses qui nous entourent peuvent servir à d'autres usages qu'à battre monnaie ; s'il y a en nous d'autres facultés à exercer que nos appétits sensuels; si les jouissances que procurent les arts, la poésie, la science et la philosophie sont de quelque importance pour notre bonheur : alors, il est désirable que l'inclination instinctive que montre tout enfant à observer les beautés de la nature, à étudier ses phénomènes, soit encouragée. Toutefois, cet utilitarisme grossier, qui conduit les hommes à penser qu'il suffit de venir dans ce monde et de le quitter, sans s'informer de ce qu'il renferme, peut y trouver aussi son compte. On verra que la science des lois de la vie est la plus importante de toutes, et à tous égards; que ces lois président non-seulement à toutes nos pensées, mais que, par implication, elles dominent aussi toutes les transactions publiques et privées, tout commerce, toute politique, toute morale, et que, par conséquent, sans l'intelligence de ces lois, on ne saurait se bien conduire, ni comme homme, ni comme citoyen. Nous verrons aussi plus tard que les lois de la vie sont essentiellement les mêmes dans tout le règne organique et, de plus, qu'elles ne peuvent être comprises dans leurs manifestations complexes que lorsqu'elles l'ont été dans leurs manifestations simples. Et quand nous aurons vu cela, nous verrons aussi qu'en aidant l'enfant à acquérir des connaissances sur les objets qui sortent de l'enceinte de la maison, connaissances dont il est si avide, en l'encourageant dans cette voie pendant toute sa jeunesse, nous ne faisons que le porter à rassembler les matériaux bruts d'une organisation future de la connaissance, matériaux qui fourniront un jour à son esprit les éléments de ces généralisations puissantes de la science, par lesquelles les actions humaines peuvent être sagement dirigées.

L'opinion qui se répand que le dessin est un des éléments de l'éducation, prouve qu'on commence à se former une idée plus juste de ce qu'est la culture de l'esprit. C'est encore un signe que les maîtres adoptent enfin la marche que la nature leur indique constamment. Les efforts spontanément faits par les enfants pour représenter les personnes, les maisons, les arbres, les animaux qui les entourent — sur une ardoise, s'ils ne peuvent mieux faire, ou à la mine de plomb sur du papier, si on leur en donne, — est un fait connu de tout le monde. Voir des images est un de leurs grands plaisirs; et, comme toujours, leur tendance marquée à l'imitation, leur inspire le désir de faire des images aussi. Ces efforts pour rendre les objets qui frappent leur vue, sont aussi un exercice utile des perceptions, un moyen de rendre ces perceptions plus exactes et plus complètes. Et en cherchant à nous intéresser à leurs découvertes sur les propriétés visibles des objets, en s'efforçant d'attirer notre attention sur leurs dessins, ils sollicitent, précisément, de notre part, le genre de culture dont ils ont le plus besoin.

Si les maîtres s'étaient laissé guider par les indications de la nature, non pas seulement en faisant du dessin une partie de leur enseignement, mais en la consultant dans le choix des méthodes à suivre pour l'enseigner, ils auraient mieux fait encore. Quels sont les objets que l'enfant essaye de représenter avant tous les autres? Ce sont les objets volumineux; ceux qui sont de couleur agréable; ceux auxquels sont associés ses plaisirs; les personnes qui lui ont causé des émotions; les vaches, les chiens, qui l'intéressent par les nombreux phénomènes qu'ils présentent; les maisons qu'il voit tous les jours et qui le frappent par leurs dimensions, par les contrastes entre leurs parties. Et quel est le procédé de représentation qui lui donne le plus de jouissance? La coloration. Le crayon et le papier lui servent à défaut de mieux. Mais une boîte de couleurs et un pinceau sont pour lui des trésors. Le dessin passe d'abord après le coloris. Il ne fait le dessin d'un objet que pour le colorier, et si on lui donne un livre de lithographies avec la permission d'y ajouter la couleur, quel bonheur! Or, si ridicule que cela puisse sembler aux maîtres de dessin, qui ajournent l'étude de la peinture et qui enseignent la forme par d'ennuyeux exercices de dessin linéaire, nous sommes convaincu que la marche indiquée par la nature est la bonne. La priorité de la couleur sur le dessin, priorité qui est fondée sur la psychologie, comme nous l'avons dit déjà, doit être admise dès le début ; et, dès le début aussi, les modèles doivent être des objets réels. Ce plaisir supérieur du coloris qui non-seulement se montre chez l'enfant, mais qui persiste chez beaucoup de personnes pendant la vie tout entière, doit servir de stimulant naturel à l'étude comparativement difficile et ingrate de la forme. La jouissance prochaine de peindre doit être la récompense du travail de l'esquisse. Les efforts de l'enfant pour reproduire les objets actuels de son intérêt doivent être encouragés, avec la certitude qu'à mesure qu'il acquerra de l'expérience, les objets plus simples et d'une exécution plus pratique deviendront intéressants pour lui, et qu'il essayera également de les reproduire, de façon qu'il approchera graduellement de l'imitation vraie des réalités. Que ces premiers essais soient tout à fait indéfinis, comme le veut la loi de l'évolution, ce n'est pas là une raison pour ne point en tenir compte. Qu'importe que les formes soient grotesques, qu'importe que les couleurs soient criardes et plâtrées. La question n'est pas de savoir si l'enfant fait de bons dessins, mais s'il développe ses facultés. Il faut d'abord qu'il devienne un peu maître des mouvements de sa main, qu'il acquière quelques notions grossières de ressemblance, et ce qu'il fait là est ce qui convient le mieux pour atteindre le but, puisqu'il le fait spontanément et avec plaisir. Dans la première enfance, on ne peut point donner des leçons sérieuses de dessin. Réprimerons-nous ces efforts de culture spontanée, ou bien les encouragerons-nous, les guiderons-nous, comme étant des exercices naturels de la puissance de perception et de manipulation? Si, en donnant aux enfants des gravures sur bois qui sont à bas prix, pour qu'ils les colorient, et des cartes de contours pour qu'ils en teintent les lignes frontières, nous ne stimulons pas seulement chez eux d'une façon agréable la faculté du coloris, mais nous leur procurons incidentellement quelque connaisance des choses et des pays, quelque habileté à manier le pinceau d'une main ferme; et si, en leur fournissant des objets séduisants à imiter, nous entretenons chez eux l'habitude instinctive de faire des reproductions, si grossières qu'elles puissent être, il arrivera que, lorsque viendra le temps de leur donner des leçons de dessin, nous trouverons chez eux une facilité qu'ils n'eussent point eue sans cela. On aura gagné du temps et épargné de la peine à l'élève et au maître.

On peut inférer aisément de ce que nous venons de dire, que nous condamnons la pratique de faire dessiner des enfants d'après des modèles, et plus encore cette méthode stricte de certains maîtres de les faire commencer par des lignes droites, des lignes courbes et des lignes composées. Nous regrettons que la Société des beaux-arts ait dernièrement, dans sa liste de manuels d'*Instruction pratique élémentaire* donné l'appui de son autorité à un ouvrage de dessin élémentaire qui est le plus mauvais que nous ayons vu. Nous voulons parler de l'*Esquisse, d'après esquisse ou d'après la surface plane*, par le sculpteur John Bell. Ainsi qu'il l'explique dans la préface, l'auteur se propose de « fournir à l'élève un moyen simple et pourtant logique de s'instruire; » et dans ce but, il commence par un certain nombre de définitions dans le genre de celles-ci :

« Une ligne simple, en dessin, est une marque légère qui va d'un point à un autre.

« Les lignes, en dessin, peuvent être divisées en deux classes :

« 1° La ligne droite, qui va d'un point à un autre par le chemin le plus court : exemple A. B.

« 2° La ligne courbe, qui ne va pas d'un point à un autre par le chemin le plus court : exemple C. D. »

Et sur ce ton, le maître apprend à l'élève ce qu'est une ligne horizontale, perpendiculaire, verticale; quels sont les différents degrés des angles et les différentes figures que forment les angles et les lignes. L'ouvrage est, en un mot, une grammaire de la forme avec exercices. De façon que le système qui consiste à placer une sèche analyse des éléments au commencement d'une étude, système banni de l'enseignement des langues, reparaît dans l'enseignement du dessin. Nous commençons par le défini au lieu de commencer par l'indéfini; l'abstrait précède encore une fois le concret; la conception scientifique, les expériences empiriques. Nous n'avons pas besoin de répéter que c'est là renverser l'ordre naturel. On l'a fort bien dit : l'habitude de préluder à la pratique d'une langue par des définitions des parties du discours et de leur emploi, est à peu près aussi raisonnable que le serait celle de préluder à l'exercice de la marche par un cours sur les os, les muscles et les nerfs de la jambe; on peut en dire autant de cette proposition de préluder à l'art de la représentation des objets par une nomenclature et des définitions des lignes, telles que nous les donne l'analyse.

Ces détails techniques sont à la fois ennuyeux et inutiles. Ils dégoûtent de l'étude dès le début; et tout cela n'a pour but que d'enseigner ce que l'enfant est sûr d'apprendre sans y songer, par l'usage. De même qu'il apprend le sens des mots qu'on prononce devant lui sans le secours des dictionnaires, il apprendra sans effort et même avec plaisir, par des remarques sur les objets, sur les peintures et sur ses propres dessins, les termes techniques, qui, si on veut les lui faire connaître d'abord, sont pour lui d'ennuyeux mystères.

Si l'on peut se fier aux principes généraux d'éducation que nous avons établis, les leçons du maître devraient s'associer constamment à ces efforts du jeune enfant, que nous avons représentés comme si dignes d'encouragement. Quand les essais volontaires de celui-ci lui auront donné quelque fermeté de main et quelque idée de la proportion, il commencera à concevoir vaguement les corps comme présentant les trois dimensions dans la perspective. Et quand, après beaucoup d'efforts chinois, et beaucoup d'insuccès, pour représenter sur le papier cette apparence, il se sera formé dans son esprit une idée de ce qu'il faut faire pour cela, et un désir de parvenir à le faire, on pourra lui donner une première leçon de perspective empirique, au moyen de l'appareil qu'on emploie ordinairement pour expliquer scientifiquement les lois de la perspective. Ceci effrayera peut-être ; mais l'expérience à faire est à la fois claire et intéressante pour tout enfant d'une intelligence ordinaire. Une plaque de verre, montée de façon à se tenir verticalement sur la table, est interposé entre l'œil de l'enfant et un objet quelconque, un livre par exemple. On l'avertit de ne pas changer de point de vue, et on lui dit de marquer par des points sur le verre les angles de l'objet. On lui dit ensuite de réunir ces points par des lignes; et en le faisant, il s'aperçoit que ces lignes suivent les contours de l'objet. Alors, appliquant une feuille de papier derrière le verre, on lui fait voir que les lignes qu'il a tracées représentent l'objet tel qu'il l'a vu. Non-seulement elles en reproduisent l'apparence, mais il comprend qu'elles lui sont réellement semblables, puisqu'elles en ont suivi les contours; et il peut s'en convaincre en ôtant et remettant le papier derrière le verre aussi souvent qu'il veut. Le fait est à ses yeux nouveau et frappant. Il contient la démonstration expérimentale que les lignes de certaine longueur, placées dans certaines directions sur une surface plane, peuvent représenter des lignes d'une autre longueur et occupant d'autres positions dans l'espace. En changeant la position de l'objet placé derrière la plaque de verre, il peut être amené à observer comment les lignes se raccourcissent et disparaissent, comment d'autres lignes apparaissent et s'allongent. La convergence des parallèles et tous les faits principaux de la perspective peuvent ainsi, de temps en temps, lui être démontrés par le maître. Et, s'il a suffisamment acquis l'habitude de s'aider lui-même, il prendra plaisir, si on le lui conseille, à tirer ces lignes sur le papier avec le seul secours de l'œil. Bientôt il voudra faire seul un dessin, qu'il comparera ensuite avec l'esquisse tracée sur le verre. C'est ainsi qu'il acquerra, petit à petit, par une méthode simple et agréable, l'habitude d'observer les apparences linéaires des objets et la facilité de les reproduire, sans passer par le procédé inintelligent et mécanique de copier les dessins des autres. Ajoutez à cet avantage que l'élève apprend ainsi sans s'en douter la théorie vraie de la peinture — à savoir, que c'est une délinéation des objets tels qu'ils nous apparaissent quand ils sont projetés sur une surface plane, interposée entre eux et notre œil, — et que, lorsqu'il est arrivé à l'âge de commencer l'étude scientifique de la perspective, il connaît déjà parfaitement les faits qui en sont la base logique.

Comme exemple d'une manière rationnelle de faire

concevoir aux enfants les premières idées de géométrie, nous citerons le passage suivant tiré de M. Wyse :

« Un enfant a été accoutumé à se servir de cubes pour apprendre l'arithmétique ; qu'il s'en serve aussi pour acquérir les éléments de la géométrie. Je voudrais commencer par les solides, ce qui est le contraire de ce qu'on fait ordinairement. Cela dispense des définitions absurdes et des mauvaises explications sur le point, la ligne, la surface, qui ne sont rien que des abstractions... Un cube présente plusieurs des éléments principaux de la géométrie : points, lignes droites, lignes parallèles, angles, parallélogrammes, etc., etc. Ce cube est divisible par parties. L'élève a déjà été familiarisé avec ces divisions dans la numération, et, maintenant, il passe à la comparaison de ces parties et de leurs relations entre elles... Ensuite, il progresse du cube au globe, d'où il tire des notions élémentaires sur le cercle, sur les courbes en général, etc., etc.

« Quand il est suffisamment au fait des solides, on peut y substituer des surfaces planes. La transition peut être rendue très-facile. Par exemple, que l'on coupe le cube en tranches minces, et qu'on étale ces tranches sur le papier ; l'enfant verra qu'il a autant de rectangles plans qu'il a de divisions. Ainsi de même avec les autres solides. On traitera le globe de la même manière ; l'enfant apprendra de la sorte quelle est la génération réelle des surfaces, et pourra ensuite facilement les abstraire de tout solide.

« Quand il a acquis l'alphabet de la géométrie, et qu'il sait lire cette science, il commence à l'écrire.

« L'opération la plus simple, et conséquemment la première, c'est de placer ces divisions planes sur une feuille de papier et de passer le crayon sur les contours. Quand il a fait cela souvent, on éloigne cette division plane, et l'on engage l'enfant à le copier, ainsi de suite. »

Quand l'enfant a acquis, par quelque méthode analogue à celle que propose ici M. Wyse, une certaine somme de connaissances géométriques, on peut faire un pas de plus, en introduisant chez lui l'habitude d'éprouver l'exactitude des figures faites à l'œil : excitant ainsi à la fois son désir de les faire exactes, et lui en montrant la difficulté. Il n'est pas douteux que la géométrie n'ait son origine (comme du reste le mot l'indique) dans les méthodes trouvées par les artisans et autres hommes pour prendre des mesures exactes pour la pose des fondations de bâtiments, pour l'arpentage des enclos, etc., et que l'on n'ait rassemblé les vérités géométriques en un corps que dans un but d'utilité immédiate. C'est de la même manière qu'il faut les présenter à l'élève. En lui faisant tailler des morceaux de carton pour édifier son château de cartes;

dessiner des diagrammes ornementaux qu'il peindra ; en l'occupant de diverses choses qu'un maitre inventif saura trouver, on peut, pendant un certain temps, le laisser faire ses tentatives lui-même, comme les a faites le constructeur primitif. Il apprendra ainsi par expérience quelle est la difficulté d'arriver au but par le seul secours des sens. Lorsque après avoir, chemin faisant, développé sa puissance de perception, il sera arrivé à l'âge de se servir du compas, il en appréciera l'avantage, mais continuera d'être gêné par l'imperfection de la méthode approximative. On peut le laisser à ce point de sa route pendant quelque temps. D'abord, parce qu'il est trop jeune pour s'élever plus haut; ensuite, parce qu'il est désirable qu'il éprouve davantage encore le manque de procédés systématiques. Si l'acquisition des connaissances doit être rendue constamment intéressante pour lui; et si, dans la première période de civilisation de l'individu, comme dans la première période de civilisation de la race, la science n'est appréciée qu'à titre de secours pour l'art, il est évident que la véritable préparation à l'étude de la géométrie, est un long exercice dans ces arts de construction que la géométrie rendra plus faciles. Remarquez qu'ici encore, la nature nous montre le chemin. Les enfants montrent un goût marqué pour bâtir, pour découper des objets en papier ; goût qui, s'il est encouragé et dirigé, ne préparera pas seulement la voie aux conceptions scientifiques, mais développera cette habileté de la main qui fait si souvent défaut.

Quand les facultés d'observation et d'invention auront acquis chez lui la puissance nécessaire, on pourra initier l'élève à la géométrie empirique; c'est-à-dire à la géométrie qui donne des solutions méthodiques, mais qui ne les démontre pas. Comme toutes les autres transitions, en éducation, celle-ci doit être faite fortuitement et non formellement; et la relation de la géométrie avec l'art de bâtir doit continuer à être utilisée. Faire faire à l'élève, avec du carton, un tétraèdre, comme celui dont on lui montre le modèle, c'est l'intéresser à résoudre un problème qui servira convenablement de point de départ à l'étude. Il voit d'abord que pour y parvenir, il doit tracer quatre triangles équilatéraux arrangés dans des positions particulières. Comme il ne peut le faire avec exactitude en l'absence d'une méthode exacte, il s'aperçoit, en posant les triangles dans leurs positions respectives, que leurs côtés ne s'ajustent pas et que leurs angles ne se rencontrent pas au sommet. On peut alors lui faire voir comment, en décrivant deux cercles, ces triangles peuvent être tracés d'une façon sûre et correcte; et après son précédent échec, il sera aise de cette découverte. Après l'avoir ainsi aidé à la solution de son premier problème, dans le but de lui montrer la nature des méthodes géométriques, il faut ensuite le laisser résoudre seul, du mieux qu'il pourra, les questions qui se présenteront. Partager une ligne en deux parties égales, dresser une perpendiculaire, décrire un carré, diviser un angle, tirer deux lignes parallèles, décrire un hexagone, sont des problèmes qu'il résoudra seul, avec un peu de patience. Et de là, on pourra le conduire pas à pas à d'autres plus complexes, qu'il résoudra tous, ou tâchera de résoudre, si l'on s'y prend bien. Certainement, beaucoup de personnes, élevées sous l'ancienne discipline, douteront de la vérité de cette assertion. Cependant, nous parlons par expérience, et par expérience commune et répétée. Nous avons vu toute une classe de petits garçons s'intéresser tellement à la solution de tel ou tel problème, qu'ils attendaient leur leçon de géométrie comme le plus grand événement de la semaine. Dernièrement, nous avons entendu parler d'une école de filles dans laquelle plusieurs élèves s'occupent volontairement de questions géométriques, en dehors des heures de classe; et d'une autre école où, non-seulement elles font de même, mais où l'une des jeunes filles demande des problèmes à résoudre chez elle pendant les vacances : nous rapportons ces faits sur l'autorité du professeur. Quelle preuve de la possibilité et de la valeur du développement spontané ! Une branche de la science qui, enseignée comme on le fait communément, est aride et ennuyeuse, est ainsi, quand on suit la méthode naturelle, rendue extrêmement intéressante et profondément utile ! Nous disons profondément utile, parce que ses effets ne se bornent pas à l'acquisition des vérités géométriques, mais que souvent il s'ensuit une révolution dans l'esprit. On a souvent vu des enfants qui avaient été rendus stupides par les méthodes scolaires, — par les formules abstraites, les ennuyeuses tâches, l'abus du travail, — renaître tout à coup quand ils cessaient d'être des récipients passifs et qu'ils devenaient inventeurs à leur tour. Le découragement inspiré à ces enfants par une mauvaise manière d'enseigner, ayant cédé à un peu de sympathie, et un degré suffisant de persévérance ayant été produit chez eux par quelques premiers succès, une révolution a eu lieu dans leur intelligence entière. Ils ne se défient plus d'eux-mêmes; ils croient qu'eux aussi sont capables de quelque chose. Peu à peu, à mesure qu'un succès s'ajoute à un succès, le poids du découragement cesse de peser sur eux, et ils attaquent les difficultés dans toutes les branches de l'étude, avec une énergie qui donne d'avance la certitude qu'elles seront vaincues.

Quelques semaines après que nous avions publié ces remarques, le professeur Tyndall, dans une conférence faite à l'Institut royal, sur *l'importance de l'étude de la physique comme branche d'éducation*, donnait quelques exemples du même fait, qui sont concluants. Son témoignage, basé sur ses observations personnelles, est de trop de poids pour que nous ne le citions pas ici :

« Un des devoirs que j'eus à remplir, dit-il, à l'époque dont j'ai parlé, fut de faire une classe de mathématiques; et je me suis aperçu qu'Euclide, et en général toute la géométrie ancienne, est, quand on fait appel à l'intelligence, une étude très-attrayante pour la jeunesse. Mais je soustrayais toujours les enfants à la routine des livres, et je mettais en jeu leur initiative sur des questions prises en dehors de ces livres. Au commencement, cela déplaisait ordinairement à l'enfant d'être mis hors de la voie battue, il se sentait comme dépaysé; mais je n'ai pas vu une seule fois que ce sentiment durât. Quand je le voyais tout à fait découragé, je le relevais en lui racontant l'anecdote sur Newton, dans laquelle celui-ci attribue la différence entre lui et les autres hommes à sa propre patience; ou celle de Mirabeau, défendant à un domestique qui avait dit que telle chose était impossible de jamais répéter ce mot stupide devant lui. Ainsi ranimé, il est toujours retourné en souriant à sa tâche, avec un air de doute peut-être, mais avec la résolution d'essayer encore. J'ai vu les yeux de l'enfant briller; puis enfin, avec un plaisir dont l'extase d'Archimède n'était que le reflet, il s'écriait : « J'ai trouvé, Monsieur ! » Le sentiment de sa propre force éveillé en lui était d'une immense valeur; et, ainsi animée, ma classe faisait des progrès surprenants. Souvent, je donnais aux élèves le choix de prendre les propositions contenues dans le livre, ou d'essayer leurs forces en en cherchant d'autres. Jamais je ne les ai vus prendre le livre; j'étais toujours prêt à les aider, quand je croyais mon secours nécessaire, mais ordinairement ils te refusaient. Ces enfants avaient goûté aux douceurs des conquêtes intellectuelles, et ils cherchaient l'occasion de remporter des victoires par eux-mêmes. J'ai vu leurs diagrammes gravés sur les murs et sur les planchers dans la salle de récréation, et j'ai eu beaucoup d'autres preuves de l'intérêt vivant qu'ils prenaient à leur sujet. Pour ma part, en ce qui concerne l'expérience de l'enseignement, j'étais un novice, je ne connaissais point du tout les règles de la pédagogie, comme l'entendent les Allemands. Mais je m'en tenais à l'esprit de l'enseignement, tel qu'il est indiqué au commencement de ce discours, et je m'efforçais de faire de la géométrie, non une *branche*, mais un *moyen* d'éducation. L'expérience a réussi ; et les meilleures heures de ma vie sont celles où j'ai vu la vigoureuse et joyeuse expansion des forces mentales auxquelles j'avais ainsi fait appel. »

Cette géométrie empirique qui présente une série sans fin de problèmes, doit être continuée pendant des années en même temps que d'autres études qui peuvent être, avec avantage, accompagnées jusqu'au bout des applications concrètes qui leur ont servi de préliminaires. Après que le cube, l'octaèdre, les diverses formes de la pyramide et du prisme, sont acquis, on passe à des corps réguliers plus complexes : le duodécaèdre, l'isocaèdre, qu'il faut beaucoup d'intelligence pour arriver à construire avec des morceaux de carton. De là, la transition peut conduire naturellement à des formes modifiées de corps réguliers, telles qu'en présentent les cristallisations, le cube tronqué, le cube à angles tronqués, et les modifications analogues de l'octaèdre et du prisme. Ce qui procurera l'occasion, pendant qu'on imitera les formes diverses affectées par les sels et par les métaux, de faire connaître à l'élève quelques-uns des grands faits de la minéralogie [1].

Comme on peut le penser, la géométrie rationnelle ne présentera plus d'obstacle à l'élève, après qu'il aura été longtemps accoutumé à des exercices de ce genre. Habitué à observer les relations de forme et de quantité, ayant quelquefois entrevu que certains résultats sont nécessaires étant donnés certains éléments, il ne voit plus dans les démonstrations d'Euclide que le supplément qui manquait à ses problèmes familiers. Ses facultés bien disciplinées s'emparent aisément des propositions successives du maître, et il en apprécie la valeur. Il a de plus le plaisir de voir que quelquefois il avait trouvé lui-même la bonne méthode. C'est ainsi que cette étude, aride pour ceux qui n'y ont pas été préparés, est agréable pour lui. Il nous reste à ajouter que le moment approche où son esprit sera

---

[1] Ceux qui désirent un guide pour l'application du système d'enseignement exposé ci-dessus, le trouveront dans un petit livre intitulé: *La géométrie inventée*, publié par J. et C. Mozlez. Pater Noster Row. Londres.

propre à cet exercice, le meilleur de tous pour le développement de nos facultés de réflexion : les démonstrations originales. Des théorèmes comme ceux qui font suite aux livres d'Euclide de MM. Chambers, lui deviendront bientôt possibles; et quand il les démontrera, ce ne seront plus seulement ses facultés intellectuelles qu'il développera spontanément par là, ce seront aussi ses facultés morales.

Pousser plus loin ces indications, ce serait écrire un traité détaillé de l'éducation, ce qui n'est pas notre dessein. L'esquisse que nous avons donnée d'un plan d'enseignement pour exercer les perceptions du petit enfant, pour diriger les *leçons de choses*, pour enseigner le dessin et la géométrie, ne doit être regardée que comme un exemple de la méthode fondée sur les principes généraux exposés par nous. Nous croyons qu'en l'examinant, cette esquisse sera trouvée conforme à la règle qui veut qu'on procède du simple au composé, de l'indéfini au défini, du concret à l'abstrait, de l'empirique au rationnel, et nous pensons qu'elle répond aussi aux conditions voulues, qui sont : 1° que l'éducation soit une reproduction en petit de la civilisation ; 2° qu'elle soit autant que possible spontanée; 3° qu'elle soit accompagnée de plaisir. La réunion de toutes ces conditions dans une seule et même méthode, sert à la fois à montrer que ces conditions sont vraies et que la méthode est bonne. Remarquez aussi que cette méthode n'est que le produit logique de la tendance caractéristique de tous les progrès modernes de l'éducation — c'est-à-dire qu'elle est l'adoption pleine et entière du système de la nature, dont ces progrès ne sont que l'adoption partielle, — et qu'elle est telle, d'abord parce qu'elle se conforme aux principes posés, ensuite parce qu'elle écoute les suggestions que fait de lui-même l'esprit de l'enfant. Il y a donc ample motif de croire que le procédé d'éducation dont nous avons fourni des exemples, approche du vrai procédé.

Nous allons ajouter encore quelques mots pour inculquer davantage dans l'esprit du lecteur les deux principes généraux, qui sont à la fois les plus importants et les plus négligés : *primo*, que, depuis le berceau jusqu'à l'âge adulte, le procédé d'instruction doit être spontané, comme il devra l'être plus tard dans l'âge mûr : *secundo* — et ce principe sert à éclairer le premier—que l'activité mentale produite, doit toujours être accompagnée de plaisir. Si la progression du simple au composé, de l'indéfini au défini, de l'abstrait au concret, est une vérité donnée par la psychologie, la spontanéité et le plaisir de l'étude deviennent des pierres de touche par lesquelles nous jugeons si la loi psychologique a été suivie. Si le premier principe contient les généralisations principales de la *science* de l'éducation, le second contient les principales règles de l'*art* de l'éducation. Car évidemment, si les degrés de notre cours d'études sont disposés de façon à ce que l'élève puisse les gravir avec peu ou point de secours, c'est que leur disposition correspond aux différentes phases de son évolution intellectuelle ; et, manifestement encore, si le passage d'un degré à un autre lui est agréable, c'est qu'il n'exige que l'exercice normal de ses facultés.

Mais, faire de l'éducation un simple moyen de faciliter l'évolution naturelle de l'esprit, a encore un autre et plus grand avantage que celui de tracer sainement un cours d'études. D'abord, on assure ainsi la force et la durée des impressions, chose que les méthodes ordinaires ne font jamais. Toute connaissance que l'élève a acquise par lui-même, tout problème qu'il a lui-même résolu, devient par droit de conquête sa chose, beaucoup plus qu'il ne pourrait l'être autrement. L'activité préalable d'esprit que le succès implique, la concentration de pensée qu'il rend nécessaire, l'excitation du triomphe, tout concourt à graver les faits dans sa mémoire d'une façon plus profonde que ne pourraient le faire la lecture ou l'audition. Même s'il a échoué, la tension de ses facultés fixe ses souvenirs, quand une fois la solution lui a été donnée, mieux que ne pourraient le faire des explications plusieurs fois répétées. Puis, remarquez que cette manière de s'instruire rend nécessaire l'organisation continue des connaissances acquises. Il est de la nature des faits et des conclusions ainsi assimilés de devenir successivement les prémisses d'autres conclusions, le moyen de résoudre d'autres questions. La solution du problème d'hier aide l'élève à résoudre le problème d'aujourd'hui. De cette façon, la connaissance nouvelle devient faculté aussitôt qu'elle est acquise, et concourt à la fonction générale de la pensée. Elle n'est pas seulement écrite sur les pages d'un livre interne, comme il arrive quand on apprend par cœur. Remarquez encore de quel secours est cette spontanéité du travail pour notre développement moral. Le courage à attaquer les difficultés, la concentration patiente de l'attention, la persévérance dans l'insuccès, ce sont là les dispositions spéciales qu'il faut apporter dans la vie; et ce sont justement celles que développe le système qui consiste à faire gagner à l'esprit son pain intellectuel. Que cette manière d'instruire la jeunesse soit parfaitement pratique, voilà ce que nous pouvons attester sous notre garantie personnelle, car c'est ainsi qu'on nous a enseigné la perspective à nous-même dans notre jeunesse. Et que les grands maîtres aient tendu vers cette direction de l'esprit des enfants, c'est ce dont rendent témoignage à la fois : Fellemberg, lorsqu'il dit que « l'activité libre et individuelle de l'élève est de bien plus grande importance que l'empressement officieux de ceux qui se mêlent de l'instruire ; » Horace Mann, quand il exprime l'opinion que « malheureusement l'éducation chez nous consiste plutôt à *dire* les choses aux enfants qu'à les *exercer* ; » et M. Marcel, quand il remarque que « ce que l'élève découvre par le travail de sa pensée est beaucoup mieux su que ce qu'on lui a appris. »

Il en est de même en ce qui touche à la condition exigée, savoir, que la méthode d'éducation choisie produise chez l'élève une activité intrinsèquement heureuse, non à cause des récompenses extrinsèques qu'elle rapporte, mais parce qu'elle est saine en elle-même. Outre que l'obéissance à cette règle nous préserve de l'inconvénient qu'il y a toujours à contrarier le progrès normal de l'évolution naturelle, elle a encore d'autres avantages. A moins que nous n'ayons l'intention de revenir à la morale ascétique (ou plutôt à l'*immoralité* ascétique), la conservation du bonheur de la jeunesse doit être considéré en lui-même comme un digne objet. Sans nous arrêter à cette considération, nous remarquerons qu'un état d'esprit agréable est beaucoup plus favorable au travail qu'un état d'indifférence ou de dégoût. Tout le monde sait que les choses lues, entendues ou vues avec intérêt, sont bien mieux retenues que les choses lues, entendues ou vues avec apathie. Dans le premier cas, les facultés ont été activement occupées de l'objet qu'on leur a présenté; dans le second cas, elles n'en ont été occupées que d'une façon peu active, et se sont partagées avec d'autres pensées plus agréables. De là vient que l'impression a été forte ou faible. De plus, à la distraction que produit chez l'élève le manque d'intérêt, vient s'ajouter la crainte des conséquences de sa distraction, crainte qui le paralyse et ajoute encore d'autres idées à celles qu'il faudrait qu'il eût. Cela augmente la difficulté qu'il éprouve à porter sa pensée sur des sujets qui l'ennuient. Il est donc clair que l'efficacité de l'enseignement, toutes choses égales d'ailleurs, sera proportionnée au plaisir avec lequel l'élève travaillera.

Il faut considérer aussi que de grandes conséquences morales sont attachées au plaisir ou à la peine qui accompagne les leçons de tous les jours. Comparez la figure et la manière d'être de deux enfants, dont l'un est rendu heureux par l'étude de sujets qui l'intéressent, et l'autre malheureux par le dégoût du travail, la sévérité de ses maîtres, les menaces, les punitions, et vous verrez que l'état moral de l'un est amélioré et celui de l'autre, détérioré. Quiconque a remarqué les effets du succès et de l'insuccès sur l'esprit, et l'influence de l'esprit sur le corps, sait que, chez le premier de ces enfants, le caractère et la santé sont favorablement affectés, tandis que, chez le second, on peut craindre toujours la morosité, la timidité et même un affaiblissement de la constitution. Il reste encore à signaler un résultat indirect de la méthode employée, lequel n'est pas de peu d'importance. Les rapports entre les maîtres et les élèves sont, toutes autres choses égales, affectueux et efficaces ou antipathiques et impuissants, selon que l'enseignement donné apporte du plaisir ou de la peine. L'homme est à la merci des associations d'idées. Celui qui chaque jour fait souffrir ne saurait être vu sans un secrète aversion ; et s'il ne cause jamais d'autres émotions que des émotions pénibles, il sera inévitablement haï. Au contraire, le maître qui aide l'enfant à atteindre l'objet de ses désirs, qui lui procure journellement le plaisir de la victoire, qui l'encourage dans les difficultés, qui sympathise avec lui dans le succès, sera nécessairement vu avec plaisir ; et si sa conduite est toujours en rapport avec ses principes, il sera aimé. Or, quand nous réfléchissons à l'efficacité bienfaisante de la tutelle d'un maître qui est considéré par l'enfant comme un ami, comparée à l'impuissante direction de celui que l'enfant regarde avec un sentiment d'aversion, ou tout au moins d'indifférence, nous pouvons dire que les avantages indirects d'une éducation dans laquelle on tient compte du bonheur de la jeunesse, ne sont guère inférieurs à ses avantages directs. A ceux qui mettraient en doute la possibilité d'appliquer le système que nous défendons ici, nous répondrons encore que non-seulement il est indiqué en théorie, mais qu'il a aussi la recommandation de l'expérience. Aux jugements prononcés par tous les maîtres habiles qui, depuis le temps de Pestalozzi, ont rendu témoignage sur ce point, ajoutons celui du professeur Pillans, lorsqu'il dit : « Quand on enseigne les enfants comme on doit le faire, ils ne sont pas moins heureux pendant les heures de classe que pendant les heures de jeu ; rarement, l'exercice bien dirigé des énergies mentales est accompagné chez eux de moins de jouissance que l'exercice de leurs énergies physiques, et quelquefois elle en produit davantage. »

Pour donner une dernière raison en faveur de l'éducation spontanée et, par conséquent, agréable, nous rappellerons que plus on la rend telle, plus il est probable que l'élève ne cessera pas d'étudier en cessant d'aller à l'école. Tant qu'on rendra l'étude pénible, il y aura tendance chez lui à la discontinuer aussitôt que cessera la coercition des parents et des maîtres. Quand on la rendra agréable, il y aura tendance à continuer sans guide la culture spontanée commencée avec des guides. Ces résultats sont inévitables. Aussi longtemps que les lois de l'association des idées resteront vraies; aussi longtemps que l'homme aura du dégoût pour les choses et les lieux qui lui rappelleront des souvenirs pénibles, et du goût pour les choses et les lieux qui remettront devant son esprit les plaisirs passés, les leçons accompagnées de peine lui rendront répulsive l'acquisition des connaissances, les leçons agréables la lui rendront attrayante. Des hommes auxquels la science est venue dans leur jeunesse sous la forme de devoirs pénibles, escortée de menaces et de punitions; des hommes auxquels on n'a pas donné l'habitude de la libre recherche, n'aimeront probablement jamais l'étude; tandis que les hommes qui ont acquis la science dans des conditions naturelles, dans le temps voulu, et qui se souviennent des faits qu'elle leur a apportés, non-seulement comme intéressant en eux-mêmes, mais comme l'occasion d'une longue suite de succès pleins de charmes, ces hommes-là continueront toute leur vie à s'instruire d'eux-mêmes, comme ils l'ont fait dans leur jeunesse.

CHAPITRE III.

DE L'ÉDUCATION MORALE.

On ne voit pas le défaut capital de nos programmes d'éducation. Tandis qu'on perfectionne beaucoup nos systèmes par le détail, dans le fond et dans la forme, le plus pressant *desideratum* n'a pas encore été reconnu, même en tant que *desideratum*. Préparer la jeunesse aux devoirs de la vie, tel est l'objet que les parents et les maîtres ont tacitement en vue dans l'éducation ; et heureusement, la valeur des choses enseignées, l'excellence des méthodes suivies, sont jugées maintenant par leur adaptation à cet objet. C'est pour cela qu'on juge convenable de substituer à une éducation purement classique une éducation dans laquelle entre l'étude des langues modernes. On insiste sur la nécessité d'y faire entrer aussi l'étude des sciences, pour des raisons analogues. Mais quoiqu'on prenne soin de préparer la jeunesse des deux sexes à la vie sociale et à la vie publique, on ne la prépare aucunement à la situation de pères et de mères de famille. Tandis qu'on est convaincu que, pour savoir gagner sa vie dans ce monde, il faut avoir passé par une préparation laborieuse, on paraît croire que, pour élever des enfants, aucune préparation n'est nécessaire. Tandis que le jeune homme emploie des années à acquérir ce genre de connaissances dont le principal mérite est qu'elles constituent « l'éducation d'un homme du monde, » et la jeune fille, ce genre de talents décoratifs qui font d'elle l'ornement des soirées, on ne donne pas une heure aux études qui pourraient les mettre en état de remplir le devoir le plus grave de tous : le gouvernement de la famille. Est-ce donc que ce devoir à remplir ne se présentera que très-éventuellement dans leur vie? Au contraire, il est certain que neuf fois sur dix, il pèsera sur eux. Est-ce donc qu'il est aisé à remplir? Au contraire; de toutes les fonctions de l'homme, celle-ci est la plus difficile. Est-ce donc que l'on peut compter que tout jeune homme et toute jeune fille se formeront spontanément dans l'art d'élever des enfants? Point du tout; non-seulement on ne reconnaît même pas la nécessité de se former à cet art, mais la complexité du sujet est telle, que c'est un de ceux dans lesquels on peut le moins compter faire son éducation soi-même. On ne peut invoquer aucun motif raisonnable pour laisser l'art de l'éducation en dehors de nos cours d'études. Que nous nous placions au point de vue du bonheur des parents eux-mêmes, ou de l'existence des enfants et de leur postérité la plus reculée, nous devons admettre que la connaissance des meilleures méthodes d'éducation physique, intellectuelle et morale, est une connaissance très-importante à acquérir. Ce sujet devrait venir en dernier lieu dans les études des deux sexes, et servir de couronnement à ces études. Comme, au physique, la maturité est caractérisée par la puissance d'engendrer des enfants, la maturité intellectuelle est caractérisée par la puissance d'élever ces enfants. *Le sujet qui comprend tous les autres sujets, et qui doit par conséquent former le point culminant de l'éducation, c'est la théorie et la pratique de l'éducation.*

En l'absence de cette préparation, le gouvernement des enfants, et particulièrement leur gouvernement moral, est lamentablement mauvais. Ou les parents n'y pensent pas du tout, ou leurs conclusions sur cette matière sont grossières et mal liées. Dans la plupart des cas, et surtout de la part des mères, la manière de traiter les enfants dans chaque occasion qui se présente, est celle de l'impulsion du moment. Elle n'émane aucunement d'une conviction raisonnée de ce qui convient au bien de l'enfant, mais simplement du sentiment, bon ou mauvais, qu'éprouvent les parents ; et elle varie d'heure en heure avec ces sentiments eux-mêmes. Si les inspirations de la passion ont pour supplément quelque doctrine, quelque méthode définie, ce sont les doctrines et les méthodes héritées du temps passé, suggérées par nos souvenirs d'enfance, adoptées sur la foi des nourrices et des servantes, méthodes trouvées non par la science mais par l'ignorance des temps. Richter, commentant cet état chaotique de l'opinion et de la pratique en matière de gouvernement de la famille, a écrit :

« Si les variations secrètes d'un grand nombre de pères appartenant à la moyenne des esprits, étaient mises au jour, arrangées en plan d'études, cataloguées pour servir à l'éducation morale des enfants, elles composeraient un ensemble dans le genre de celui-ci : A la première heure, « la morale pure doit être enseignée à l'enfant, soit par moi, soit par ceux qui ont charge de lui; » à la deuxième heure, « la morale mixte, ou la morale de l'utilité pour soi-même; » à la troisième heure : « Ne voyez-vous pas que votre père fait ainsi ? » à la quatrième heure : « Vous êtes petit, et cela ne convient qu'aux grandes personnes ; » à la cinquième heure : « La grande affaire est que vous réussissiez dans le monde et deveniez quelque chose dans l'État; » à la sixième heure : « Ce sont les choses éternelles et non les temporaires qui déterminent le mérite de l'homme ; » à la septième heure : « Donc supportez l'injustice et ayez patience ; » à la huitième heure : « Mais défendez-vous bravement si l'on vous attaque ; » à la neuvième heure : « Cher enfant, ne faites pas de bruit; » à la dixième heure : « Un petit garçon ne doit pas rester immobile comme cela; » à la onzième heure : « Il faut mieux obéir à vos parents; » à la douzième heure : « Et faire votre éducation vous-même. » Ainsi, à toute heure, le père, par les variations de ses principes, cache ce qu'ils ont d'insoutenable et d'incomplet. Quant à sa femme, elle n'est ni semblable à lui, ni même à cet arlequin qui parut sur la scène avec une liasse de papiers sous chaque bras, et qui répondit à ceux qui lui demandaient ce qu'il avait sous le bras droit : « Des ordres »; et à ceux qui demandaient ce qu'il avait sous le bras gauche : « Des contre-ordres. » Mais la mère ne pourrait être mieux comparée qu'à un géant Briarée, à cent bras, ayant une liasse de papiers sous chaque bras !

Cet état de choses n'est pas près de changer. Des générations doivent passer avant qu'on puisse espérer qu'il s'améliore beaucoup. De même que les constitutions politiques, les systèmes d'éducation ne se créent pas, ils se développent; et le développement n'est pas appréciable en de courtes périodes de temps. Si lentes, cependant, que doivent être les améliorations, elles impliquent l'emploi de moyens pour y parvenir : la discussion est un de ces moyens.

Nous ne sommes pas de ceux qui croient au dogme de lord Palmerston : que « tous les enfants sont nés bons. » En somme, le dogme contraire, si insoutenable qu'il soit, nous paraît encore moins éloigné de la vérité. Nous ne croyons pas davantage qu'on peut, par une éducation habilement conduite, les amener à être complétement ce qu'ils devraient être. Au contraire, nous savons que, si l'on peut diminuer leurs imperfections naturelles, on ne peut pas les détruire. On pourrait comparer l'opinion de certaines personnes : qu'un système parfait d'éducation produirait une humanité idéale, à cette autre opinion de Shelley exprimée dans ses poëmes : que, si l'humanité abolissait ses anciennes institutions et oubliait ses anciens préjugés, tous les maux qui existent dans ce monde disparaîtraient tout à coup : ces deux opinions ne peuvent être partagées par ceux qui ont étudié sans passion les choses humaines.

Malgré cela, on fera bien de sympathiser avec les personnes qui nourrissent ces trop confiantes espérances. L'enthousiasme, même poussé jusqu'au fanatisme, est un bon moteur; peut être même un moteur indispensable. Il est clair que le politique ardent ne supporterait pas les fatigues qu'il supporte, ne ferait pas les sacrifices qu'il fait, s'il ne croyait point que la réforme pour laquelle il combat, est la seule chose nécessaire. Sans la conviction que l'ivrognerie est la source de tous les maux de la société, celui qui se refuse toute liqueur forte, s'agiterait moins énergiquement. En philanthropie, comme en d'autres matières, la division du travail produit un grand avantage, et pour qu'il y ait division du travail, il faut que chaque philanthrope soit plus ou moins absorbé par sa fonction particulière, et ait une foi exagérée dans son œuvre. De là vient que nous pouvons dire, de ceux qui regardent l'éducation intellectuelle et morale comme la panacée, que l'exagération de leur attente n'est pas sans avantage; et c'est là peut être une partie de l'ordre bienfaisant des choses, que leur confiance ne puisse être ébranlée.

Mais, lors même qu'il serait vrai que, par quelque système d'éducation morale encore à trouver, on puisse façonner les enfants sur le modèle désirable, et lors même qu'on pourrait faire adopter ce système à tous les parents, nous serions encore loin d'atteindre l'objet en vue. On oublie que l'application d'un pareil système suppose de la part des adultes un degré d'intelligence, de bonté, d'empire sur soi-même que personne ne possède. L'erreur de ceux qui discutent des systèmes d'éducation domestique, consiste à attribuer tous les défauts, à imputer toutes les difficultés aux enfants, et rien aux parents. En ce qui touche au gouvernement de la famille, comme en ce qui touche au gouvernement de la nation, on suppose toujours que les vertus sont du côté des gouvernants, et les vices du côté des gouvernés. A en juger par les théories d'éducation, il semble qu'hommes et femmes soient transformés, aussitôt qu'on les envisage en tant que pères et que mères. Nous voyons tous les jours que les gens avec lesquels nous avons des relations commerciales, ceux que nous rencontrons dans le monde, sont des êtres imparfaits. Dans les scandales journaliers, dans les querelles entre d'anciens amis, dans les banqueroutes, dans les procès, dans les rapports de la police, nous avons tous les jours la preuve de l'égoïsme, de l'improbité, de l'immoralité générale ; et cependant, quand on parle de l'éducation des enfants en bas âge et de la conduite des enfants plus âgés, on tient pour un fait établi que ceux qui les élèvent, et qui ne sont autres que tous ces pécheurs-là, ne sont point coupables de fautes morales envers eux ! Ceci est si loin d'être vrai, que, pour notre part, nous n'hésitons pas à imputer aux parents la plus grande partie des maux qui se produisent dans la famille, et qu'on impute ordinairement aux enfants. Nous ne disons point qu'il en soit ainsi chez les personnes bienveillantes et maîtresses d'elles-mêmes, au nombre desquelles nous espérons pouvoir classer la majorité de nos lecteurs ; mais nous affirmons que cela est vrai de la masse. Quelle sorte de culture morale peut donner une mère qui a l'habitude de secouer rudement son enfant quand il ne veut pas téter, chose que nous avons vue de nos propre yeux? Quel sentiment de la justice un père pourra-t-il inculquer quand, averti par les cris de son enfant que celui-ci a le doigt pris dans une porte, il commence par le battre au lieu de le délivrer ? Le fait nous a pourtant été affirmé par un témoin oculaire. Exemple plus fort encore, et garanti également par un témoignage direct : un enfant est rapporté à la maison avec une jambe cassée, et on l'accueille par des coups! Quel espoir d'éducation morale peut-on concevoir pour cet enfant? Il est vrai que ce sont là des cas extrêmes; des cas qui dénotent dans l'être humain la présence de cet instinct aveugle qui porte la brute à détruire ses petits quand ils sont malades ou blessés. Mais, si extrêmes qu'ils soient, ils sont les types des sentiments et des procédés qu'on observe tous les jours dans beaucoup de familles. Qui n'a pas vu bien des fois un enfant être frappé par une bonne ou par des parents, à cause de sa maussaderie, maussaderie dont sa santé est probablement la cause? Qui n'a pas entendu une mère, quand elle ramasse brusquement un pauvre petit tombé par terre, l'appeler petit sot, sur un ton d'irascibilité qui présage pour tout le temps de son enfance une suite sans fin d'aigres réprimandes? Et le ton dur sur lequel un père ordonne à son fils de se tenir tranquille, ne montre-t-il pas combien il est loin d'entrer dans sa manière de sentir? Est-ce que les contrariétés constantes et inutiles qu'on fait souffrir aux enfants : par exemple, l'ordre de s'asseoir, quand, chez une petite créature si active, l'immobilité doit produire une grande irritation nerveuse; la défense de regarder par les portières en chemin de fer, quand c'est là pour un enfant intelligent une privation sérieuse : est-ce que tout cela n'indique pas une terrible absence de sympathie? La vérité est que les difficultés de l'éducation morale ont une double origine, et qu'elles proviennent à la fois des parents et des enfants. Si la transmission héréditaire est une loi de la nature, comme le savent tous les naturalistes, et comme le redisent l'expérience de tous les jours et les proverbes des nations, alors, dans la moyenne des cas, les défauts des enfants sont le reflet des défauts des parents. Nous disons la moyenne des cas, parce que, le fait de transmission se trouvant compliqué par les ancêtres éloignés, il ne peut être vrai que d'une façon générale. Et si, dans la moyenne des cas, cette hérédité de défauts existe, les mauvaises passions que les parents ont à combattre chez leurs enfants, sont précisément celles qu'ils ont eux-mêmes. Cela peut n'être point aperçu du dehors, cela peut être couvert et caché par d'autres sentiments; mais cela est. Donc, évidemment, on ne peut espérer voir régner un système d'éducation idéal : les parents ne sont pas assez bons pour cela.

De plus, lors même qu'il y aurait des méthodes par lesquelles on pourrait arriver au but tout d'un coup; et lors même que les pères et mères auraient assez de pénétration, de bienveillance, d'empire sur eux-mêmes pour appliquer ces méthodes avec suite, on pourrait soutenir qu'il serait impossible de réformer le gouvernement de la famille plus vite que ne sont réformées les autres choses. Quel est l'objet qu'on a en vue? L'éducation, de quelque nature qu'elle soit, n'a-t-elle pas pour fin prochaine de préparer l'enfant à la vie, de former un citoyen qui puisse faire son chemin dans le monde ? Et faire son chemin dans le monde (nous n'entendons pas, par là, devenir riche, mais acquérir les moyens d'élever une famille), cela n'implique-t-il pas une certaine adaptation de l'individu au monde tel qu'il est maintenant ? Si l'on pouvait, au moyen d'un système d'éducation idéale, produire un être humain idéal, n'est-il pas douteux qu'il fût propre à vivre dans le monde tel qu'il est ? Ne pouvons-nous pas soupçonner avec raison que l'extrême délicatesse de ses sentiments, que l'extrême élévation de ses règles de conduite, que sa droiture trop parfaite, lui rendraient la vie intolérable ou même impossible ? Et si admirable que ce résultat pût être au point de vue de l'individu, ne serait-il pas manqué au point de vue de la société et de la famille ? Il y a beaucoup de raisons de croire que dans une famille, de même que dans une nation, le gouvernement est, en somme, aussi bon que le permet l'état général de la nature humaine. Dans ce cas comme dans l'autre, le caractère moyen des individus détermine la nature et l'excellence du contrôle exercé. Dans un cas comme dans l'autre, le perfectionnement du caractère individuel conduit au perfectionnement du système : et nous disons que, s'il était possible de perfectionner le système sans que le caractère moyen de la société eût été perfectionné préalablement, le mal s'ensuivrait plutôt que le bien : la dureté dont les enfants ont à souffrir maintenant de la part de leurs parents et de leurs moniteurs, peut être regardée comme une préparation à la dureté bien plus grande qu'ils rencontreront à leur entrée dans le monde. Et l'on peut objecter que, s'il était possible que les parents et les maîtres les traitassent avec une entière équité, avec une parfaite bienveillance, cela ne ferait que donner plus d'intensité aux souffrances que l'égoïsme des hommes doit, plus tard, leur infliger [1].

Quelqu'un demandera : « Mais n'est-ce pas là trop prouver? Si aucun système d'éducation morale ne peut rendre les enfants ce qu'ils doivent être ; si, en supposant que ce système existât, les parents sont trop imparfaits pour l'appliquer; si même, dans le cas où ce système pourrait être appliqué, ses résultats devaient former avec l'état présent de la société une anomalie désastreuse, ne s'ensuit-il pas que la réforme du système actuel n'est ni possible, ni désirable? Non : il s'ensuit seulement que la réforme du gouvernement

---

[1] C'est là l'excuse que quelques personnes présentent pour la rude façon dont sont traités les garçons dans les collèges : apprentissage, dit-on, dans un monde en miniature, des rigueurs que leur prépare le monde réel; mais cette excuse est fort insuffisante. Car, si la discipline de la maison paternelle et de l'école ne doivent pas être beaucoup plus douces que celle du monde, elles peuvent être un peu plus douces; et, au contraire, la discipline à laquelle sont soumis les enfants à Éton, à Whinchester, à Harrow, etc., est pire que celle de la vie adulte, — plus injuste, plus cruelle. Au lieu d'aider au progrès de l'humanité — ce que toute éducation doit faire — le régime de nos écoles publiques tend à accoutumer les enfants à la forme du gouvernement despotique, à la domination de la force, et, par conséquent, à adapter leurs idées à un état social inférieur à celui qui existe. Recrutée qu'est en grande partie notre législature parmi les anciens élèves de ces établissements, on peut voir dans cette influence anticivilisatrice un empêchement au progrès de la nation.

domestique doit aller *pari passu* avec les autres réformes ; il s'ensuit seulement que les méthodes d'éducation ne sont et ne peuvent être améliorées que pas à pas ; il s'ensuit seulement que les règles de perfection absolue seront, dans la pratique, inévitablement subordonnées à l'état présent de l'humanité, — tant à cause de l'imperfection des enfants que de celle des parents et de la société, — et qu'elles ne pourront être mieux observées qu'à mesure que la moralité générale fera des progrès.

« Mais, dans tous les cas alors, » reprend notre critique, « il est inutile de formuler un idéal d'éducation domestique. Il ne peut y avoir aucun avantage à chercher, à préconiser des méthodes qui sont en avance sur notre temps. » Nous prétendons encore le contraire. De même qu'en ce qui touche au gouvernement politique, bien que les lois de la justice absolue soient à présent inapplicables, il est bon de les connaître, afin que tous les changements qu'on opère soient faits *dans le sens* de ces lois et non pas *en sens contraire*; de même, en ce qui touche au gouvernement domestique, il est bon de montrer l'idéal, afin qu'on puisse en approcher par degrés. Nous n'avons à redouter aucune mauvaise conséquence de notre persévérance à maintenir cet idéal. En général, le conservatisme instinctif de la société est assez fort pour empêcher un changement trop rapide. Les choses sont ainsi arrangées que, tant que les hommes ne se sont pas élevés au niveau des idées morales supérieures, ils ne peuvent pas les recevoir : ils les acceptent nominalement, mais non virtuellement; et quand la vérité est reconnue, les obstacles à sa mise en pratique sont si persistants, qu'ils survivent à la patience des philanthropes et même à celle des philosophes. Nous pouvons donc être sûrs d'avance que les difficultés qu'on rencontrera sur sa route, avant d'arriver à une éducation normale des enfants, retarderont toujours dans la mesure nécessaire les efforts faits pour y parvenir.

Après ces explications préliminaires, passons aux considérations sur les véritables objets et les véritables méthodes de l'éducation morale. Quand nous aurons consacré quelques pages à établir les principes généraux, pages dans lesquelles nous réclamerons la patience du lecteur, nous tâcherons d'éclairer par des exemples la conduite que doivent tenir les parents au milieu des difficultés qui se présentent continuellement dans l'éducation domestique.

Quand un enfant se laisse tomber, ou se heurte la tête contre la table, il ressent une douleur dont le souvenir tend à le rendre plus attentif; et par la répétition de ces expériences, il arrive à savoir guider ses mouvements. S'il touche à la barre de fer rouge de la cheminée, s'il passe la main sur la flamme d'une bougie, ou répand de l'eau bouillante sur une partie quelconque de son corps, la brûlure qu'il reçoit est une leçon qui ne sera pas aisément oubliée. L'impression produite par un ou deux événements de cette nature est si forte, qu'aucune persuasion ne pourra, dans la suite, l'amener à mépriser ainsi les lois de sa constitution.

Or, dans des cas comme ceux-là, la nature nous montre, de la manière la plus simple, quelles sont la vraie théorie et la vraie pratique de l'éducation morale: — théorie et pratique que les gens superficiels peuvent croire communément suivies, et qui pourtant ne le sont aucunement.

Remarquez d'abord que, pour les blessures corporelles et pour la douleur qui s'ensuit, notre faute et ses conséquences sont réduites à leurs formes les plus simples. Quoique, dans l'acception populaire, les mots de *bien* et de *mal* ne s'appliquent guère aux actions qui ne produisent que des effets corporels, quiconque y réfléchit voit que ces actions peuvent être distinguées par ces deux qualifications. De quelque hypothèse qu'on parte, toute théorie morale accorde qu'une conduite dont les résultats immédiats et éloignés sont, en somme, bienfaisants, est une bonne conduite; tandis qu'une conduite dont les résultats immédiats et éloignés sont, en somme, malfaisants, est une mauvaise conduite : le criterium qui sert aux hommes, en dernière analyse, à juger leur conduite, c'est le bonheur ou le malheur qu'elle produit. Nous regardons l'ivrognerie comme mauvaise, parce que la dégénération physique et les maux qui l'accompagnent sont, pour l'ivrogne et pour sa famille, les suites qu'elle entraîne. Si le vol faisait autant de plaisir à celui qui perd qu'à celui qui dérobe, il ne figurerait pas sur la liste des délits. S'il était possible que les actes de bonté multipliassent les souffrances humaines, nous les condamnerions, nous ne les regarderions pas comme des actes de bonté. Il suffit de lire le premier article de n'importe quel journal politique ou d'écouter n'importe quelle conversation sur les affaires sociales, pour voir que les actes du parlement, que les mouvements politiques, que les agitations des philanthropes, sont, de même que les actions des individus, jugés d'après les résultats qu'on en attendait, soit pour augmenter les jouissances, soit pour augmenter les souffrances des hommes. Et si, en analysant toutes les idées secondaires et dérivées, nous voyons que telle est toujours notre pierre de touche finale du bien et du mal, nous devons juger la direction corporelle, bonne ou mauvaise, selon qu'elle produira des résultats bienfaisants ou nuisibles.

Remarquez, en second lieu, le caractère des châtiments qui préviennent ces transgressions matérielles. Nous nous servons du mot de châtiments, faute de mieux ; car ce ne sont pas des châtiments dans le sens littéral ; ce ne sont pas des peines artificiellement et inutilement infligées ; ce sont simplement des empêchements bienfaisants mis aux actions qui contrarient essentiellement les intérêts de notre corps, empêchements sans lesquels la vie serait bientôt anéantie par les outrages qui lui seraient faits. C'est le trait particulier de ces châtiments (si nous pouvons les appeler ainsi), d'être simplement les *conséquences inévitables* des actes qui les amènent : ce ne sont que les *inévitables réactions* des actions de l'enfant.

Qu'on se souvienne ensuite que ces réactions accompagnées de peine, sont toujours proportionnées aux transgressions. Un léger accident ne produit qu'une peine légère ; un accident plus sérieux produit une peine plus grave. Il n'est pas dans l'ordre des choses qu'un enfant qui se heurte au seuil de la porte et tombe, souffre plus qu'il n'est nécessaire, afin qu'il devienne par cela plus circonspect qu'il n'est nécessaire aussi. Par l'expérience journalière, il apprend à connaître quels sont les châtiments, plus ou moins graves, de ses méprises plus ou moins graves, et il agit en conséquence.

Enfin, remarquez que ces réactions naturelles qui suivent les actions erronées de l'enfant, sont constantes, directes, sûres, et qu'il ne peut y échapper. Point de menaces ! seulement une muette et rigoureuse exécution ! S'il s'enfonce une épingle dans le doigt, il y a douleur ; s'il l'enfonce encore, il y a douleur une seconde fois, et ainsi de suite sans fin. Dans tous ses rapports avec la nature inorganique, il rencontre cette persistance infaillible qui n'écoute aucune excuse, et dont l'action est sans appel ; et bientôt, reconnaissant cette discipline sévère, quoique bienfaisante, il devient extrêmement attentif à ne pas transgresser la loi.

Ces vérités générales nous apparaîtront plus significatives encore, quand nous nous rappellerons qu'elles restent des vérités pendant toute la vie adulte, comme pendant toute l'enfance. C'est par l'expérience acquise des conséquences naturelles de leurs actes qu'hommes et femmes sont arrêtés sur la pente du mal. Après que l'éducation domestique est finie, et qu'il n'y a plus là de parents et de maîtres pour défendre ceci et cela, il reparaît une discipline semblable à celle par laquelle le petit enfant apprend à diriger ses mouvements. Si le jeune homme qui entre dans la vie perd son temps dans l'oisiveté, ou remplit mal et lentement les fonctions qui lui sont confiées, le châtiment naturel ne se fait pas attendre; il perd son emploi, et il souffre, pendant un temps, les maux d'une pauvreté relative. L'homme qui n'a point de ponctualité, qui manque continuellement ses rendez-vous de plaisir et d'affaires, en supporte les conséquences, qui sont des pertes d'argent et des privations de jouissances. Le marchand qui veut faire de trop gros profits perd ses pratiques, et est ainsi arrêté dans son avidité. Les malades qui le quittent, apprennent au médecin distrait à se donner plus de peine pour ceux qui lui restent. Le créancier crédule, le spéculateur trop confiant, reconnaissent par les embarras dans lesquels ils se jettent la nécessité d'être plus prudents à l'avenir dans les affaires. Il en est ainsi dans la vie tout entière. Dans la citation si souvent faite : « L'enfant brûlé craint le feu, » nous voyons que non-seulement l'analogie entre la discipline sociale et la discipline de la nature à l'égard du jeune enfant est reconnue, mais nous voyons qu'on reconnaît implicitement que cette discipline est de l'espèce la plus efficace. Il y a plus : cette conviction n'est pas seulement impliquée, elle est exprimée nettement. Tout le monde a entendu quelqu'un dire qu'une « expérience chèrement achetée, » l'a décidé à changer de conduite. Tout le monde a entendu dire à ceux qui blâmaient la conduite de tel prodigue ou de tel spéculateur que tous les conseils avaient été pour lui sans effet, et que « l'expérience amère, » c'est-à-dire la souffrance qui suit inévitablement de telles erreurs, à seule été efficace. S'il fallait une autre preuve que la réaction naturelle de nos actions est la plus efficace des pénalités, qu'aucune pénalité d'invention humaine ne saurait la remplacer, on trouverait cette preuve dans la stérilité de nos systèmes de peines légales. De toutes les méthodes de discipline criminelle, proposées et mises en vigueur par le législateur, aucune n'a répondu à l'attente qu'on en avait conçue. Les châtiments artificiels n'ont jamais amendé les coupables, et quelquefois ils ont produit une recrudescence de criminalité. Les seuls pénitenciers où l'on ait obtenu quelque succès, sont ceux qui ont été établis par des particuliers, et dont le régime est autant que possible imité de la nature, c'est-à-dire où l'on ne fait guère qu'appliquer les conséquences de la mauvaise conduite, ou les lui laisser produire : diminuant la liberté du criminel dans la mesure où il est nécessaire pour la sécurité de la société, et le laissant gagner sa vie avec la gêne de cette entrave. Nous voyons par là : d'abord, que la discipline par laquelle la nature enseigne au jeune enfant à régler ses mouvements, est la même qui retient sous la loi la grande majorité des hommes, et par laquelle ils sont plus ou moins moralisés; ensuite, que toutes les disciplines d'invention humaine appliquées aux plus mauvais d'entre eux, sont impuissantes, lorsqu'elles s'éloignent de la discipline divinement ordonnée, et qu'elles ne commencent à réussir que lorsqu'elles s'en rapprochent.

Cela ne nous donne-t-il pas le principe dirigeant de l'éducation morale? Ne devons-nous pas en inférer qu'un système si bienfaisant pendant l'enfance et la maturité, est également bienfaisant dans la jeunesse? Quelqu'un peut-il croire que la méthode si efficace dans la première et dans la dernière période de la vie, ne l'est pas dans la période intermédiaire? N'est-il pas évident que la fonction des parents est de veiller, « comme ministres et interprètes de la nature, » à ce que leurs enfants éprouvent les vraies conséquences de leur conduite — les réactions naturelles, — ne les écartant pas, ne les augmentant pas, ne leur substituant pas des conséquences artificielles? Aucun lecteur non prévenu ne refusera à cette proposition son assentiment.

Il est probable que bien des personnes prétendront que c'est là justement ce que font la majorité des parents; que les punitions qu'ils infligent sont ordinairement la vraie conséquence de la mauvaise conduite, puisque la colère paternelle, qui s'exprime par des mots durs et des actes sévères, est le résultat de la transgression commise par l'enfant, et que la souffrance physique ou morale que l'enfant en reçoit, devient la réaction naturelle d'une action mauvaise. Dans cette erreur, il y a un peu de vérité. Il est hors de doute que le mécontentement des pères et mères est une conséquence vraie des fautes de la jeunesse, et que les manifestations qu'ils en donnent, sont une répression normale de ces fautes. Les réprimandes, les menaces, les coups, qu'un père passionné prodigue à son enfant coupable, sont certainement des effets produits chez le père par l'inconduite de l'enfant, et, à ce titre, peuvent être regardés comme étant, en quelque sorte, les réactions de ses mauvaises actions. Nous n'avons nullement envie de prétendre que ces modes de traitement ne soient pas relativement bons, — bons, c'est-à-dire par rapport aux enfants ingouvernables d'adultes qui ont été eux-mêmes mal gouvernés dans leur jeunesse, et bons par rapport à l'état d'une société dans laquelle ces adultes mal disciplinés forment la grande majorité de la nation. Comme nous l'avons dit déjà, les systèmes d'éducation, de même que les institutions politiques et autres, sont généralement aussi bons que le permet le degré de culture de l'humanité. Les enfants barbares de parents barbares, ne peuvent probablement être contenus que par les méthodes barbares dont de pareils parents usent spontanément; et ces méthodes barbares renferment probablement la meilleure préparation que ces enfants puissent subir pour vivre dans la société barbare où ils seront appelés à jouer un rôle. Au contraire, les membres civilisés d'une société civilisée seront naturellement portés à témoigner leur mécontentement d'une manière moins violente, useront naturellement de moyens plus doux : — moyens qui seront suffisamment forts pour leurs enfants déjà améliorés. Il est donc vrai qu'en ce qui est de l'expression du sentiment éprouvé par les pères, le principe de la réaction naturelle est toujours plus ou moins suivi. Le système de l'éducation domestique gravite sans cesse vers la forme la plus appropriée au milieu.

Mais observez maintenant deux faits importants. Le premier, c'est que, dans un état de transition rapide comme le nôtre, état pendant lequel les vieilles et les nouvelles théories, les vieilles et les nouvelles pratiques, sont constamment en conflit, il peut arriver que les systèmes d'éducation se trouvent en désaccord avec les temps. Par égard pour des dogmes qui ne convenaient qu'aux temps qui les ont formulés, bien des parents infligent à leurs enfants des châtiments dont l'emploi est une violence faite à leur sentiment personnel, et font ainsi éprouver à ces enfants des réactions contre nature; tandis que d'autres parents, enthousiastes dans leur espérance de perfection immédiate, se jettent dans l'excès opposé. Le second fait, c'est que l'expérience faite de l'approbation ou de la désapprobation des parents, ne constitue pas la meilleure des disciplines, qui est l'expérience des résultats qui découleraient en dernière analyse de la conduite tenue par les enfants, en l'absence de toute intervention ou de toute opinion de la part des pères. Les conséquences vraiment instructives et salutaires, ce ne sont pas celles que font naître des parents qui s'instituent les représentants de la nature, mais celles que produit la nature elle-même. Nous allons essayer de rendre claire cette distinction par quelques exemples qui, en montrant ce que nous entendons par réactions naturelles et réactions artificielles, fourniront l'idée des applications pratiques.

Dans toutes les familles où il y a de jeunes enfants, il arrive tous les jours que ceux-ci font ce que les mères et les servantes appellent « du désordre. » Un enfant a semé des jouets sur le plancher; une poignée de fleurs rapportées d'une promenade matinale, a été dispersée sur les tables et sur les chaises; une petite fille, en faisant des robes pour sa poupée, a rempli la chambre de rognures d'étoffe : presque toujours, la peine de réparer ce désordre incombe à qui elle ne devrait pas incomber. S'il a lieu dans la chambre des enfants, la bonne, après avoir grogné contre « les ennuyeuses petites créatures, » entreprend la tâche elle-même ; s'il a lieu dans l'appartement, cette tâche est dévolue soit aux aînés, soit aux domestiques, et tout ce qu'il arrive au transgresseur, c'est d'être grondé. Toutefois, dans un cas aussi simple que celui-là, les parents sont quelquefois assez sages pour suivre, avec plus ou moins de persistance, l'ordre naturel des choses, en commandant à l'enfant de ramasser lui-même les jouets, les fleurs ou les rognures. La peine de mettre les choses en ordre, est la conséquence vraie de la faute qu'on a commise de les mettre en désordre. Tout marchand dans sa boutique, toute femme dans sa maison, en fait journellement l'expérience. Et si l'éducation est une préparation à la vie, tout enfant doit, dès le commencement, l'expérimenter journellement aussi. Si (ce qui pourra arriver là où le système de discipline morale préalablement suivi n'a pas été bon) l'enfant refuse obéissance, il faut lui en laisser éprouver la réaction ultérieure. Comme il a refusé de ramasser et de mettre en ordre les objets qu'il avait dispersés, et qu'il en a donné la peine à une autre personne, il faut, dans les occasions subséquentes, lui refuser les moyens de donner encore cette peine. Quand il viendra à demander sa boîte de jouets, la réponse de la mère sera celle-ci : « La dernière fois, qu'on vous a donné vos jouets, vous les avez laissés sur le plancher et Jeanne a eu la peine de les ramasser. Jeanne a trop à faire pour ramasser tous les jours les objets que vous laissez par terre, et je ne puis le faire moi-même. Puisque vous ne voulez pas ramasser vos jouets quand vous avez fini de jouer, je ne puis pas vous les donner. » C'est là évidemment une conséquence naturelle, ni accrue, ni diminuée, et l'enfant doit le reconnaître. Le châtiment arrive au moment où il est le plus vivement senti. Son désir naissant est frustré, quand il croyait toucher à sa réalisation, et la forte impression ainsi produite, ne peut pas manquer d'avoir de l'effet sur la conduite future de l'enfant : effet qui, constamment reproduit, fera tout ce qu'il est possible de faire pour le corriger de son défaut. Ajoutez à cela que, par cette méthode, il apprendra de bonne heure ce qu'on ne saurait apprendre trop tôt, à savoir que, dans ce monde, le plaisir est le prix du travail.

Prenons un autre cas. Il n'y a pas longtemps que nous entendions journellement les réprimandes adressées à une petite fille qui n'était jamais prête pour la promenade quotidienne. D'un caractère ardent, se laissant aisément absorber par l'occupation du moment, Constance ne pensait jamais à mettre son chapeau avant que les autres enfants fussent prêts à sortir. Sa gouvernante et ses sœurs étaient presque invariablement obligées de l'attendre, et non moins invariablement, arrivait la réprimande maternelle. Quoique l'insuccès le plus complet accompagnât son système, la mère n'avait jamais eu l'idée de laisser Constance éprouver les conséquences naturelles de sa conduite. Bien plus, elle ne voulut pas essayer de cette méthode quand on la lui proposa. En ce monde, l'inexactitude entraîne la perte de quelque avantage qu'on aurait obtenu, si l'on eût été exact : c'est le train qui est parti; c'est le paquebot qui a levé l'ancre; ce sont les meilleures choses du marché qui sont vendues, les meilleures places dans la salle de concert qui sont occupées; et l'on peut voir par des exemples journaliers que c'est la perspective d'une privation qui empêche les gens d'arriver trop tard. Ne voit-on pas clairement ce qu'il faut inférer de là ? La perspective de la privation ne doit-elle pas servir de même à régler la conduite d'un enfant? Si Constance n'est pas prête à l'heure fixée, le résultat naturel de son inexactitude est d'être laissée et de manquer sa promenade. Et après qu'elle sera restée une ou deux fois à la maison, pendant que les autres enfants se seront amusés dans les champs; après qu'elle aura vu que la perte de ce plaisir n'est due qu'à son manque de diligence, il est très-probable qu'elle se corrigera. Dans tous les cas, la mesure prise à son égard aura toujours plus d'effet que ces gronderies perpétuelles, qui n'aboutissent à rien qu'à produire l'endurcissement.

De même, quand des enfants trop peu soigneux,

même pour leur âge, brisent ou perdent les objets qu'on leur donne, le châtiment naturel, — celui-là même qui apprend aux grandes personnes à avoir du soin, — c'est la gêne qui résulte. La gêne qui résulte de la perte ou du bris d'un objet, la dépense qu'il faut faire pour le remplacer, sont les expériences par lesquelles hommes et femmes sont disciplinés en ces matières; et les expériences des enfants doivent, autant que possible, être assimilées aux leurs. Nous ne parlons pas de cette première période de la vie, pendant laquelle l'enfant brise ses jouets dans le but d'apprendre à en connaître les propriétés physiques, et sans comprendre encore les conséquences du manque de soin; nous parlons de cette seconde période pendant laquelle on comprend le sens et l'avantage de la propriété. Quand un enfant, assez âgé pour avoir un canif, s'en sert avec si peu de précaution qu'il en brise la lame, ou quand il le laisse dans l'herbe au pied de quelque haie, après avoir coupé une baguette, un père irréfléchi ou un parent complaisant va tout de suite lui en acheter un autre, sans voir qu'il enlève ainsi à l'enfant l'occasion de recevoir une leçon utile. En pareil cas, un père doit expliquer que les canifs coûtent de l'argent; que pour avoir de l'argent, il faut l'acquérir par le travail, et qu'il ne peut acheter des canifs pour quelqu'un qui les casse ou qui les perd; que par conséquent, jusqu'à ce que l'enfant ait donné la preuve qu'il est devenu plus soigneux, il ne réparera point la perte. Une discipline semblable servira à arrêter la prodigalité chez son enfant.

Ces exemples familiers que nous choisissons ici, parce que leur simplicité met notre argument en lumière, rendront claire pour tout le monde la distinction entre les châtiments naturels, que nous soutenons être seuls efficaces, et les châtiments artificiels qu'on y substitue. Avant de présenter des applications plus subtiles et plus hautes du principe éclairé par ces exemples, remarquons ses grands et nombreux avantages sur le principe, ou plutôt sur la pratique empirique, qui prévaut dans la plupart des familles.

Un de ces avantages, c'est que son application engendre dans l'esprit les notions justes de cause et d'effet, notions que des expériences suivies rendent plus tard définies et complètes. On est bien plus sûr de se conduire comme il le faut dans la vie, quand on comprend les bonnes et les mauvaises conséquences de ses actions, que lorsqu'on ne fait qu'y croire sur l'autorité des autres. Un enfant qui voit que le désordre entraîne la peine de remettre les choses en ordre, ou que la lenteur fait perdre un plaisir, ou que le défaut de soin expose à manquer d'un objet utile et agréable, non-seulement en sent vivement les effets, mais encore il acquiert l'idée du rapport de cause à effet : et cela suivant la manière même dont il en fera plus tard l'expérience dans la vie. Tandis que l'enfant qui, en pareil cas, reçoit une réprimande ou quelque châtiment factice, non-seulement ne subit qu'une conséquence dont bien souvent il se soucie fort peu, mais ne reçoit point, sur la nature essentielle de la bonne ou de la mauvaise conduite, l'instruction qu'il eût sans cela reçue. C'est le vice du système des récompenses et des châtiments artificiels, vice que les esprits clairvoyants ont dès longtemps aperçu : le vice du système des récompenses et des châtiments qui, en substituant aux conséquences naturelles de la mauvaise conduite des pensums ou des corrections, fausse chez les enfants les criteriums de la morale. Quand ils ont, pendant toute leur enfance et leur jeunesse, regardé le mécontentement des parents et des maîtres comme le principal résultat de leurs transgressions, il s'établit dans leur esprit une association d'idées entre la transgression et le mécontentement qu'elle produit, comme entre la cause et l'effet. Il en résulte que lorsque la domination paternelle ou tutériale est retirée, et que le mécontentement des pères et des maîtres n'est plus à craindre, la règle morale se trouve en grande partie retirée du même coup : la véritable loi, celle des réactions naturelles, n'ayant pas été apprise par la triste expérience. Ainsi que l'écrit un homme qui a personnellement connu les effets de ce système à courtes vues : « Une fois que les jeunes gens sont échappés de l'école, particulièrement ceux dont les parents ont négligé d'exercer leur influence, ils se jettent dans toutes les extravagances; ils ne connaissent point de règles d'action; ils ignorent les raisons morales d'une conduite morale ; leurs idées n'ont point de fondements sur lesquels elles puissent reposer ; et jusqu'à ce qu'ils aient été sévèrement disciplinés par la vie, ils sont des membres extrêmement dangereux de la société. »

Un autre grand avantage de cette discipline naturelle, c'est qu'elle est celle de la pure justice, et que tout enfant le sentira. Celui qui ne supporte d'autres maux que ceux qui, dans l'ordre naturel des choses, résultent de sa mauvaise conduite, ne se trouvera point injustement traité, comme celui qui supporte un chatiment artificiel ; et cela est vrai des hommes aussi bien que des enfants. Prenez pour exemple un enfant qui est habituellement négligent dans le soin de ses habits, qui traverse les haies sans précautions, qui ne fait point attention à la boue. Si on le bat ou si on le met au lit, il se trouvera maltraité ; et il sera plus occupé à ruminer sur ses griefs qu'à se repentir de sa faute. Mais supposez qu'on l'oblige à réparer autant que possible le mal qu'il a fait, à nettoyer la boue dont il s'est couvert, à raccommoder les déchirures de ses vêtements, ne saura-t-il pas que c'est là un ennui qu'il s'est causé à lui-même ? Pendant qu'il souffrira la peine qui lui est due, n'aura-t-il pas constamment présent à l'esprit le lien entre cette peine et sa cause ? Et malgré son irritation, n'aura-t-il pas plus ou moins clairement conscience de la justice de cet arrangement ? Si plusieurs leçons de cette espèce ne produisent pas leur effet ; si les habits neufs sont gâtés avant le temps, le père, poursuivant l'application de sa méthode de discipline, refusera de dépenser de l'argent pour de nouveaux habits avant l'époque où l'on a coutume d'en acheter ; et si, pendant ce temps-là, il se présente des occasions dans lesquelles, faute d'habits propres, l'enfant soit privé de sortir avec sa famille, comme, par exemple, des excursions le dimanche et des fêtes chez ses amis, il est évident que le châtiment sera très-vivement senti, qu'il apercevra clairement l'enchainement de cause et d'effet, et qu'il reconnaîtra que sa négligence est l'origine de la privation qu'il éprouve. Et, voyant cela, il n'aura point de révolte contre l'injustice, comme il en aurait eu s'il n'eût pas aperçu un lien évident entre la transgression et le châtiment qui la suit.

Puis, le naturel des parents et des enfants est beaucoup moins sujet à s'altérer sous l'action de ce système que sous celle du système ordinaire. Quand, au lieu de laisser les enfants éprouver les résultats pénibles qui suivent naturellement la mauvaise conduite, les parents leur infligent eux-mêmes certaines autres peines, ils font un double mal. En multipliant comme ils le font les lois domestiques, et en identifiant leur autorité et leur dignité avec le maintien de ces lois, toute transgression devient une offense envers eux et une cause de colère de leur part. Et à cela s'ajoute la vexation qu'ils s'imposent en se chargeant, sous forme de travail ou de dépense supplémentaires, des conséquences mauvaises qui auraient dû tomber sur les délinquants. Il en est de même chez les enfants. Les châtiments que les réactions naturelles amènent, les peines qui leur sont infligées par des agents impersonnels, ne produisent qu'une irritation comparativement faible et passagère; tandis que des châtiments volontairement infligés par des parents, et dont on se souvient comme de leur ouvrage, produisent une irritation à la fois plus grande et plus durable. Voyez combien on produirait de résultats désastreux si l'on appliquait cette méthode empirique dès le début de l'éducation! Supposez qu'il fût possible aux parents de se charger des souffrances physiques que les enfants se causent à eux-mêmes par ignorance et maladresse, et que, tandis qu'ils supporteraient ces mauvaises conséquences, ils y substituassent auprès de leurs enfants d'autres conséquences mauvaises, dans le but de leur apprendre l'impropriété de ce qu'ils ont fait; supposez que lorsqu'on a défendu à un enfant de toucher à la bouilloire et qu'il a, malgré cela, répandu de l'eau bouillante sur ses pieds, la mère pût prendre pour elle la brûlure et y substituer un coup, et de même dans tous les autres cas: ces accidents journaliers ne créeraient-ils pas chez lui une irritation bien plus grande que celle qui existe à présent? La mauvaise humeur ne deviendrait-elle pas chronique des deux côtés? Cependant, c'est exactement la politique que l'on poursuit plus tard. Un père qui bat son fils parce qu'il a, par insouciance ou par malice, brisé le jouet de sa petite sœur, et qui ensuite achète à celle-ci un autre jouet, ce père-là fait tout à fait la même chose : il inflige une peine artificielle au transgresseur, et prend pour lui la peine naturelle de la transgression, ce qui exaspère à la fois et sans nécessité ses propres sentiments et ceux des transgresseurs. S'il exigeait simplement un acte de restitution, il causerait bien moins de chagrin. S'il disait à son fils qu'il devra acheter à ses frais un nouveau jouet à sa sœur, et qu'on lui retiendra pour cela son argent de poche jusqu'à concurrence de la somme nécessaire, il y aurait beaucoup moins d'irritation des deux côtés; et en même temps l'enfant subirait une conséquence équitable et salutaire. Enfin, le système de la discipline par les réactions naturelles, est la moins nuisible au caractère : d'abord, parce que l'on voit de suite qu'il est celui de la pure justice; ensuite, parce que l'action impersonnelle de la nature est mise en jeu, au lieu de l'action personnelle des parents.

Enfin, vient ce corollaire évident, que par ce système les relations entre les parents et les enfants sont plus affectueuses et par conséquent plus fécondes. La colère, chez les parents et les enfants, de quelque cause qu'elle provienne et quelque forme qu'elle prenne, est toujours désastreuse. Mais la colère d'un père contre son fils, et d'un fils contre son père, l'est doublement, parce qu'elle affaiblit ce lien de sympathie qui est nécessaire à tout gouvernement bienfaisant. En vertu de la loi des associations d'idées, il arrive inévitablement, chez les vieux et chez les jeunes, qu'on prend en aversion les choses qui se présentent habituellement à nous accompagnées de sentiments désagréables. Et là où l'attachement existait originairement, il survient du refroidissement ou de l'éloignement, dans la proportion de la force et de la fréquence des impressions reçues. La colère paternelle qui s'exprime par des réprimandes et des châtiments ne peut pas manquer de produire, si cela se représente souvent, de la froideur chez l'enfant, pendant que le ressentiment et la tristesse de l'enfant ne peuvent pas manquer d'affaiblir l'affection qu'ils inspirent, et même à la fin de la détruire. De là vient qu'il arrive si souvent que les parents (et particulièrement les pères, qui sont délégués en général à l'application du châtiment) sont vus avec indifférence, sinon avec aversion; et de là vient aussi que les enfants sont si souvent regardés comme des fléaux. Or, comme il est visible qu'un éloignement de cette nature est fatal à toute bonne éducation morale, il s'ensuit qu'on ne peut être trop attentif à éviter les occasions d'un antagonisme direct des pères et des enfants, et que par conséquent les premiers ne peuvent pas trop faire usage de cette discipline des conséquences naturelles, qui, en les exonérant de la partie de leurs fonctions qui se rapporte à l'application de la peine, prévient l'exaspération et l'éloignement mutuels.

Le système de l'éducation morale par l'expérience des réactions naturelles, qui est le système divinement ordonné à l'égard de l'enfance et de la vie adulte, est donc, nous le voyons, également applicable à la période intermédiaire entre l'enfance et la jeunesse. Parmi les avantages qu'offre ce système, nous voyons : d'abord qu'il donne à l'esprit, en matière de conduite, cette notion juste du bien et du mal qui résulte de l'expérience des effets bons ou mauvais; secondement, que l'enfant, n'éprouvant rien de plus que les conséquences pénibles de ses mauvaises actions, doit reconnaître plus ou moins clairement la justice de la pénalité; troisièmement, que la justice de la pénalité étant reconnue, et cette pénalité étant appliquée par les mains de la nature et non par celles d'un individu, son esprit est moins troublé : tandis que le père ne faisant que remplir le devoir comparativement passif, qui consiste à laisser la peine se produire par les voies naturelles, conserve un calme relatif; quatrièmement, que l'exaspération mutuelle étant ainsi prévenue, des relations plus douces, plus fécondes en bonnes influences, existent entre les parents et les enfants.

« Mais que doit-on faire, » demandera quelqu'un, « dans des cas plus graves? Comment pourra-t-on suivre ce plan, quand l'enfant aura commis un petit larcin? quand il aura fait un mensonge? quand il aura battu son petit frère ou sa petite sœur? »

Avant de répondre à ces questions, examinons la portée de quelques faits pris comme exemples.

Un de nos amis qui demeurait chez son beau-frère, avait entrepris l'éducation de son petit-neveu et de sa petite-nièce. Il l'avait dirigée, plutôt peut-être par sympathie naturelle que par raisonnement, d'après la méthode que nous avons exposée. Les deux enfants étaient ses élèves dans la maison, et ses compagnons hors de la maison. Ils faisaient tous les jours des promenades et des excursions avec lui pour botaniser; lui cherchaient des plantes avec ardeur; le regardaient pendant qu'il les examinait et les reconnaissait; et de cette manière et d'autres, jouissaient et profitaient dans sa société. Enfin, au point de vue moral, il était beaucoup plus leur père que leurs père et mère véritables. En nous racontant les résultats de sa manière de se conduire, il nous cita entre autres exemples le trait suivant. Un soir, où il avait besoin de quelque chose qui se trouvait dans une autre partie de la maison, il dit à son neveu d'aller le lui chercher. L'enfant, qui était en train de jouer, montra, contrairement à son habitude, une grande répugnance à le faire, ou même refusa de le faire, nous ne nous souvenons pas bien. L'oncle, désapprouvant tout moyen coercitif, se leva, et fut lui-même chercher l'objet, laissant voir seulement, dans son air, le déplaisir que lui causait cette conduite. Et quand le soir, l'enfant proposa le jeu qu'on avait coutume de faire, l'oncle refusa simplement, et avec la froideur qu'il ressentait naturellement, laissant ainsi se produire la conséquence vraie de ce que l'enfant avait fait. Le lendemain matin, à l'heure de son lever, notre ami entendit à la porte de sa chambre une voix qu'il n'avait pas coutume d'entendre à cette heure. C'était son petit-neveu qui lui apportait de l'eau chaude. Regardant autour de la chambre, l'enfant cherchait ce qu'il pourrait faire encore, et il s'écria : « Oh! vous n'avez pas vos bottes! » en se précipitant dans l'escalier pour aller les chercher. De cette façon et de plusieurs autres, il montra un vrai repentir de sa conduite. Il essaya de compenser son refus de service par des services inaccoutumés. Ses bons sentiments avaient véritablement triomphé de ses mauvais sentiments; la victoire leur avait donné une nouvelle force; et ayant senti la privation de l'affection de son oncle, il l'appréciait davantage, après l'avoir regagnée.

Notre ami est aujourd'hui père à son tour. Il suit le même système, et trouve qu'il réussit parfaitement. Il se fait complétement l'ami de ses enfants. Ceux-ci attendent le soir avec impatience, parce que c'est l'heure où il sera à la maison; et s'ils jouissent du dimanche, c'est surtout parce que leur père passe ce jour entier avec eux. Ainsi en possession de toute la confiance et de toute l'affection de ses enfants, l'expression de son approbation ou de sa désapprobation lui donne un ample moyen de gouvernement. Si, en rentrant chez lui, il apprend qu'un de ses fils a été méchant, il se conduit envers lui avec cette froideur que la conduite de l'enfant lui inspire naturellement; et cela est toujours un châtiment suffisant. La simple abstention de caresses est une source de chagrin et de larmes bien plus durable que ne le seraient des coups. Et l'on nous assure que les enfants ont, pendant son absence, la crainte de cet accueil toujours présente à l'esprit: tellement qu'ils demandent souvent à leur mère s'ils se sont bien conduits, et ce qu'elle dira à papa au retour. Dernièrement l'aîné, marmot turbulent de cinq ans, dans une de ces effervescences de vie qui sont communes chez les enfants bien portants, commit, en l'absence de sa mère, plusieurs extravagances; il coupa une partie des cheveux de son frère, et se blessa avec un rasoir pris dans la toilette de son père, etc., etc. Quand celui-ci apprit cela en rentrant, il n'adressa point la parole à l'enfant de toute la soirée, ni de la matinée du lendemain. Outre le chagrin qui s'ensuivit dans le moment, l'effet de cette manière d'agir fut tel, que, voyant sa mère prête à sortir, quelques jours après, il la supplia de rester; et l'on découvrit que c'était parce qu'il avait peur de faire encore des sottises en son absence.

Nous avons exposé ces faits avant de répondre à la question : « Que doit-on faire dans des cas plus graves? » afin de montrer d'abord quels sont les rapports qui peuvent et qui doivent exister entre les parents et les enfants; car c'est de l'existence de ces rapports que dépend le succès dans la répression des fautes graves. Nous devons maintenant montrer encore, comme préliminaires, que l'adoption du système que nous avons recommandé, établira ces rapports. Nous avons déjà fait voir qu'en laissant simplement éprouver à l'enfant les réactions pénibles de ses mauvaises actions, les parents échapperont à l'antagonisme avec eux et à l'inconvénient d'être regardés comme des ennemis ; mais il reste à faire voir que là où le système a été bien suivi depuis le commencement, un sentiment actif d'affection est né.

Aujourd'hui, les pères et les mères sont, pour la plupart, regardés par leurs enfants comme des *ennemis-intimes*. Les impressions de l'enfant étant inévitablement déterminées par le traitement qu'il éprouve, et ce traitement étant un mélange continuel de séductions et de menaces, de caresses et de réprimandes, de douceur et de sévérité, il se forme nécessairement dans sa tête un conflit d'idées sur le caractère paternel. Une mère croit généralement qu'il suffit de dire à son enfant qu'elle est sa meilleure amie, et, persuadée qu'il doit la croire, elle en conclut qu'il la croit en effet. « C'est pour votre bien, » lui dit-elle. « Je sais mieux ce qui vous convient que vous. Vous n'êtes pas assez grand pour le comprendre maintenant, mais vous me remercierez plus tard de ce que je fais. » Ces assertions, et d'autres semblables, sont tous les jours réitérées. Pendant ce temps, l'enfant reçoit tous les jours aussi des châtiments positifs; on lui défend à tout moment de faire les choses qu'il voudrait faire : en paroles, son bonheur est le but; en fait, son malheur est le résultat. Ne pouvant comprendre quel est cet avenir dont sa mère parle, ni de quelle manière le traitement qu'il subit peut le conduire au bonheur dans cet avenir, il juge d'après ce qu'il éprouve; et ce qu'il éprouve n'étant rien moins qu'agréable, il devient sceptique à l'égard de ces professions de tendresse. N'est-il pas insensé de s'attendre à autre chose ? L'enfant ne doit-il pas raisonner d'après le témoignage de ses sens ? Et ce témoignage n'est-il pas d'accord avec ses conclusions ? La mère raisonnerait de même à sa place. Si, parmi ses amis, il y avait quelqu'un qui contrariât incessamment ses vœux, qui lui adressât d'aigres réprimandes, et qui la battit de temps en temps, elle se soucierait peu des professions de zèle pour son bien, qui accompagneraient ces actes. Pourquoi donc suppose-t-elle qu'il doit en être autrement chez son fils?

Voyez maintenant combien différent sera le résultat si le système que nous soutenons est appliqué avec suite, et si la mère, non-seulement évite de se faire l'instrument du châtiment, mais joue auprès de son enfant le rôle d'amie, en l'avertissant du danger que la nature lui prépare. Prenons un exemple, et pour que cet exemple montre la manière dont ce système doit être établi dès l'enfance, prenons un cas des plus simples. Supposons que, poussé par cet esprit expérimental qui est si prononcé chez les enfants — car ils conforment instinctivement leurs procédés à ceux de la méthode inductive de recherches, — supposons que l'enfant s'amuse à allumer des morceaux de papier à la chandelle, et à les regarder brûler. Une mère irréfléchie, comme il y en a tant, croira devoir, pour l'empêcher de faire ce qu'elle appelle « le mal, » ou par crainte qu'il ne se brûle, lui ordonner de cesser ; et s'il ne le fait pas, elle lui arrachera le papier des mains. Mais, s'il a le bonheur d'avoir une mère raisonnable, qui comprend que l'intérêt avec lequel l'enfant regarde brûler le papier vient d'une curiosité salutaire ; qui, de plus, a la sagesse de réfléchir aux résultats de son intervention, elle raisonnera de cette manière : « Si j'arrête l'enfant, je l'empêcherai d'acquérir quelques connaissances utiles. Il est vrai que j'éviterai qu'il ne se brûle ; mais à quoi cela servira-t-il ? Il se fera un jour ou l'autre quelque brûlure, et il est nécessaire à sa sécurité dans la vie qu'il apprenne à connaître les propriétés de la flamme. Si je l'empêche de courir ce risque à présent, il le courra plus tard, et cela quand je ne serai plus là pour le préserver d'une partie des suites pénibles ; tandis que s'il éprouve un accident, maintenant que je suis à ses côtés, je préviendrai un malheur complet. De plus, si je le fais cesser, je le contrarie dans un amusement qui est en soi-même innocent et même instructif, et il en éprouvera plus ou moins de ressentiment à mon égard. Comme il ne connaît pas la souffrance que je lui épargnerai, et qu'il ne sentira que le déplaisir d'être privé d'un amusement, il ne peut me regarder autrement que comme une cause de peine pour lui. Pour le préserver d'un mal dont il n'a aucune idée, et qui, par conséquent, n'existe point pour lui, je le blesse d'une façon qui lui est sensible, et deviens ainsi à ses yeux un ministre de douleur. Ce que j'ai donc de mieux à faire, c'est de l'avertir simplement du danger et de me tenir prête à en empêcher les suites sérieuses. » Par conséquent, la mère dira seulement à l'enfant : « Je crains que vous ne vous brûliez si vous faites cela; » et si, comme il est probable, l'enfant persiste malgré son avertissement et finit par se brûler les doigts, qu'est-ce qu'il en résulte ? D'abord, il a acquis une expérience qu'il eût dû probablement acquérir plus tard, et que, pour sa sûreté, il ne peut acquérir trop tôt. Ensuite, il a vu que la désapprobation ou l'avertissement de sa mère avait véritablement son bien pour objet : il a, une fois de plus, expérimenté sa bonté vigilante ; raison de plus pour lui d'avoir confiance en son jugement, en sa tendresse; raison de plus pour l'aimer.

Sans doute, dans ces rares occasions où il y a un grave danger, il faut en préserver l'enfant par force ; mais, laissant de côté les cas extrêmes, le système suivi devra être, non de soustraire l'enfant aux petits risques journaliers, mais de le conseiller, de l'avertir; et, de cette manière, on fera naître chez lui un sentiment filial beaucoup plus fort que celui qui existe ordinairement. Si, ici comme ailleurs, on laisse entrer en jeu la loi des réactions naturelles; si on permet aux enfants de persister dans les expériences qu'ils font à la maison, et dans les amusements auxquels ils se livrent au dehors, au risque de se blesser, les dissuadant seulement d'une façon plus ou moins pressante, selon que le danger est plus ou moins grand, il ne peut manquer de se former en eux une confiance toujours plus forte dans l'affection et dans la sagesse des parents. Non-seulement on évite, comme nous l'avons déjà montré, l'*odium* qui s'attache à l'application des châtiments positifs, mais on évite également l'*odium* qui s'attache à l'emploi continuel de l'autorité; et l'on tire même de ces incidents journaliers, qui ordinairement causent des disputes, un moyen d'affermir les bons sentiments mutuels. Au lieu de s'entendre dire en paroles que leurs parents sont leurs meilleurs amis, les enfants le voient par les faits, et, en le voyant, ils acquièrent un degré de confiance et d'affection à leur égard que rien autre ne pourrait leur donner.

Et maintenant, ayant indiqué les relations sympathiques qui naîtront de l'emploi habituel de cette méthode, revenons à la question qui précède : « Comment cette méthode peut-elle être appliquée dans les cas graves?

Notons d'abord que ces cas graves doivent se présenter moins graves et moins fréquents sous le régime que nous avons décrit que sous le régime ordinaire, la mauvaise conduite des enfants étant souvent la conséquence de l'irritation chronique dans laquelle on les tient par un mauvais gouvernement. L'état d'isolement moral et d'antagonisme que produisent les châtiments répétés, émousse nécessairement la sympathie, nécessairement aussi, ouvre la route à ces transgressions que la sympathie arrête. Les mauvais traitements que les enfants d'une même famille se font souffrir les uns aux autres sont, dans une grande mesure, le reflet des mauvais traitements que les adultes leur font souffrir; ils sont en partie l'effet de l'imitation, en partie celui du mauvais caractère et de la tendance à rendre aux autres la pareille de ce qu'on nous fait, ce sont les représailles des coups et des gronderies reçus. On ne peut mettre en doute que l'activité du cœur, que l'heureux état d'esprit, entretenus chez les enfants par la discipline que nous avons indiquée, ne les empêcheront de pécher les uns contre les autres aussi gravement et aussi fréquemment qu'ils le font. Les fautes plus répréhensibles, telles que les mensonges et les petits larcins, seront diminuées par les mêmes causes. L'éloignement de cœur des membres d'une même famille est une cause féconde de transgressions de ce genre. C'est une loi de nature, visible pour tout observateur, que ceux qui sont privés des grandes jouissances de la vie cherchent à se dédommager par des jouissances inférieures; ceux qui n'ont point les douceurs de la sympathie recherchent les douceurs de l'égoïsme; et, par une conséquence contraire, d'heureuses relations entre les parents et les enfants sont faites pour diminuer le nombre des fautes qui ont l'égoïsme pour source.

Quand, malgré cela, de pareilles fautes sont commises, ce qui arrivera quelquefois sous le meilleur régime, on peut recourir encore une fois à la discipline des conséquences; et s'il existe ce lien de confiance et d'affection dont nous avons parlé, cette discipline sera efficace. Car quelles sont les conséquences d'un vol, par exemple? Elles sont de deux sortes : directes et indirectes. La conséquence directe dictée par la pure équité, c'est la restitution. Un législateur juste (et tout parent doit tâcher d'en être un) demandera qu'autant que possible, une action mauvaise soit réparée par une bonne action, et, en cas de vol, la réparation implique la restitution de l'objet volé, ou, s'il est consommé, le payement de sa valeur : avec un enfant, cela peut avoir lieu sur son argent de poche. La conséquence indirecte, et plus sérieuse, est le déplaisir des parents, conséquence qui suit inévitablement le vol chez tous les peuples civilisés, et va jusqu'à faire considérer le vol comme un crime.

« Mais, dira-t-on, la manifestation du mécontentement paternel a toujours lieu en pareil cas; il n'y a là rien de nouveau. » Cela est très-vrai. Nous avons déjà dit qu'à quelques égards, notre méthode est spontanément suivie. Nous avons déjà montré qu'il y a dans tous les systèmes d'éducation une tendance à graviter vers le vrai système. Et ici, nous pouvons répéter cette remarque : que la force de cette réaction naturelle sera, dans l'ordre bienfaisant des choses, proportionnée au besoin qu'on en a ; le mécontentement paternel s'exprimera par des actes de violence dans les temps de barbarie, où l'enfant est, lui aussi, comparativement barbare ; il se manifestera d'une façon moins cruelle dans ces temps plus avancés, où, par implication, les enfants sont faits pour des traitements plus doux. Mais ce que nous devons surtout observer ici, c'est que la manifestation du grand déplaisir paternel ne sera puissante pour le bien que dans la mesure de l'attachement qu'aura l'enfant pour ses parents. L'efficacité de la discipline des conséquences naturelles, sera exactement proportionnée à la rigueur avec laquelle on s'en sera tenu à cette discipline dans les autres cas. La preuve est à la portée de tous, si l'on veut la voir.

Car chacun ne sait-il pas, que lorsqu'il a offensé une personne, le regret qu'il éprouve (nous laissons naturellement de côté les considérations mondaines, qui ne sont pas de notre sujet) varie avec le degré de la sympathie qu'il a pour cette personne ? Ne sent-il pas que lorsqu'il s'agit d'un ennemi, l'avoir offensé lui cause plutôt un secret plaisir que du chagrin ? Ne se souvient-il pas que, lorsqu'une personne qui lui est tout à fait étrangère a pris de l'ombrage de quelque chose, il s'en est soucié bien moins que si c'eût été un ami ? Au contraire, le déplaisir d'une personne aimée et admirée, n'a-t-il pas été regardé par lui comme un sérieux malheur, comme une source de longs et amers regrets ? Eh bien, l'effet du mécontentement paternel doit varier de même avec le degré d'affection préexistant. Là où il y a indifférence, le sentiment de l'enfant coupable n'est qu'une crainte purement égoïste des châtiments corporels ou des privations qui lui seront infligés ; et, après qu'ils l'ont été, l'antagonisme et l'irritation augmentent l'indifférence. Au contraire, là où il existe une forte affection filiale, produite par l'habitude de l'amitié des parents, l'état d'esprit dans lequel le mécontentement du père met l'enfant, non-seulement sert à prévenir des fautes de même nature à l'avenir, mais est en lui-même salutaire. La peine morale d'avoir perdu pour un temps un ami si cher, tient lieu de la peine corporelle, et n'est pas moins efficace, si elle ne l'est davantage. Au lieu de la crainte et du ressentiment ordinairement éprouvés, l'enfant sympathise avec le chagrin de son père, regrette de l'avoir causé, et désire pouvoir, par un acte de réparation, rétablir avec lui des relations d'amitié. Au lieu de mettre en jeu ces sentiments égoïstes dont la prédominance en ce monde est la source du crime, on met en jeu cet altruisme qui prévient les actes criminels.

Ainsi, la discipline des conséquences naturelles est aussi bien applicable aux grandes fautes qu'aux petites fautes, et sa pratique conduit, non-seulement à la répression, mais à la réparation de ces fautes.

Bref, la vérité est que la sauvagerie engendre la sauvagerie, et la douceur, la douceur. Les enfants qui sont traités sans bonté, ne deviennent pas bons. Les traiter avec sympathie, c'est développer chez eux des sentiments de même nature. Dans le gouvernement domestique, de même que dans le gouvernement politique, le despotisme fait naître une grande partie des crimes qu'il a plus tard à punir; tandis qu'une direction douce et libérale évite les causes de discussions et, en améliorant ainsi les sentiments habituels, diminue la tendance aux transgressions de la loi. Comme John Locke l'a dit il y a longtemps : « En matière d'éducation, les châtiments sévères font peu de bien, et peuvent faire beaucoup de mal; et je crois que, toutes choses égales d'ailleurs, les enfants qui ont été le plus châtiés ne font pas les meilleurs hommes. » En confirmation de cette manière de voir, nous pouvons citer ce fait, rendu dernièrement public par M. Rogers, chapelain de la prison de Pentonville, que les jeunes criminels qui ont subi la peine du fouet sont ceux qui retournent le plus ordinairement en prison. Au contraire, les bons effets d'un traitement plus doux se montrent dans cet autre fait que nous rapportait une dame chez laquelle nous demeurions à Paris. Comme elle s'excusait du dérangement que nous causait un enfant, aussi ingouvernable à la maison qu'il l'était à l'école, elle ajouta qu'elle ne voyait d'autre remède à son caractère que celui qui avait réussi pour son frère aîné, et que c'était de l'envoyer dans une maison d'éducation en Angleterre. Cet enfant avait été intraitable dans toutes les institutions de Paris. Ne sachant plus qu'en faire, on l'avait envoyé en Angleterre ; et à son retour, il était devenu aussi bon qu'il avait été mauvais. La mère attribuait entièrement ce changement remarquable à la douceur comparative de la discipline anglaise.

Après l'exposition des principes qui précèdent, l'espace qui nous reste ne peut être mieux rempli qu'en donnant quelques-unes des maximes et des règles qui en découlent, et, pour abréger, nous les mettons sous forme de conseils.

N'attendez pas d'un enfant un haut degré d'excellence morale. Pendant ses premières années, tout homme traverse les phases de caractère qu'a traversées la race barbare dont il est descendu. De même que les traits d'un enfant, — le nez plat, les narines relevées, les lèvres grosses, les yeux écartés, l'absence de sinus frontal, etc., — sont, pendant un temps, ceux du sauvage, de même, ses instincts sont ceux du sauvage aussi. De là la tendance à la cruauté, au vol, au mensonge, si générale chez les enfants; tendance qui, même sans le secours de l'éducation, se modifierait en même temps que les traits du visage. L'idée populaire que les enfants sont « innocents, » vraie si on l'entend de la *connaissance* du mal, est complétement fausse à l'égard des mauvaises impulsions. C'est ce que prouvera une demi-heure d'observation dans une chambre d'enfants, à quiconque voudra seulement ouvrir les yeux. Les petits garçons livrés à eux-mêmes dans les écoles, se traitent entre eux plus brutalement que ne le font les hommes; et si on les livrait à eux-mêmes dans un âge plus tendre, cette brutalité serait encore plus marquée.

Non-seulement il n'est pas sage d'attendre beaucoup de la part des enfants en fait de moralité, mais il n'est pas sage de leur demander beaucoup. Aujourd'hui, la plupart des personnes reconnaissent les mauvais résultats de la précocité intellectuelle; mais il reste à reconnaître que la précocité morale a aussi des résultats funestes. Nos facultés morales supérieures, de même que nos facultés intellectuelles supérieures, sont comparativement complexes. Par conséquent, elles sont les unes et les autres tardives dans leur évolution. Pour les unes comme pour les autres, la culture hâtive a lieu aux dépens du développement futur. De là cette anomalie assez commune qui nous montre des enfants qui ont été des modèles dans le premier âge subissant, à mesure qu'ils grandissent, un changement en apparence inexplicable, et finissant par tomber au-dessous de la moyenne intellectuelle et morale, tandis que des hommes relativement distingués sont souvent le résultat d'une enfance peu riche en espérances.

Contentez-vous donc de mesures et de résultats modérés. Rappelez-vous qu'une moralité supérieure, de même qu'une intelligence supérieure, doit être le fruit d'un long développement, et vous prendrez alors patience avec les imperfections que montre à chaque instant votre enfant. Vous serez moins porté à ces réprimandes, à ces menaces, à ces prohibitions continuelles, par lesquelles les parents produisent un état chronique d'irritation domestique, dans le fol espoir de rendre leurs enfants ce qu'ils devraient être.

Cette forme libérale de gouvernement paternel, qui consiste à ne pas vouloir régler despotiquement tous les détails de la conduite d'un enfant, est le produit nécessaire du système que nous préconisons. Contentez-vous de veiller à ce que votre enfant subisse toujours les conséquences naturelles de ses actions, et vous éviterez de tomber dans cet abus de domination qui fait errer tant de parents. Laissez-le, toutes les fois que vous le pouvez, à la discipline de l'expérience; et vous le préserverez, soit de cette vertu de serre chaude que la domination exagérée fait naître chez les natures dociles, soit de cet esprit d'antagonisme démoralisant qui se produit chez les natures indépendantes.

En tendant en toutes circonstances à laisser un libre cours aux réactions naturelles des actions de votre enfant, vous modérerez d'une façon heureuse votre propre caractère. La méthode d'éducation morale suivie par beaucoup de parents — nous craignons de devoir dire par la plupart des parents — consiste tout simplement à laisser éclater leur colère, en la première façon qui se présente. Les coups, les rudoiements, les paroles aigres par lesquels la mère punit les fautes légères de son enfant (fautes qui souvent n'en sont pas en réalité) ne sont que la manifestation de ses sentiments mal dominés, et proviennent beaucoup plus des impulsions qu'elle en reçoit que du désir d'être utile à l'enfant. Mais, si vous vous arrêtez, chaque fois qu'une faute est commise, à considérer quelle en sera la conséquence normale, et comment cette conséquence peut être rendue plus sensible au transgresseur, vous aurez gagné un peu de temps, ce qui servira à vous rendre maître de vous-même; votre premier mouvement de colère aveugle se transformera en un sentiment moins violent, et moins apte à vous entraîner hors de la voie.

Ne cherchez pas, cependant, à vous conduire en instrument impassible. Souvenez-vous que, outre les réactions naturelles des actions de votre enfant, réactions que lui fera sentir la marche naturelle des choses, votre approbation et votre désapprobation sont aussi une réaction naturelle et un des moyens qui sont dans l'ordre pour arriver à le guider. L'erreur que nous combattons est celle qui consiste à *substituer* le déplaisir paternel et les pénalités artificielles aux pénalités qui sont d'institution naturelle. Mais si elles ne doivent point être *substituées* à ces pénalités naturelles, il ne s'ensuit pas qu'elles ne doivent point, sous une certaine forme, les *accompagner*. Quoique le châtiment d'ordre *secondaire* ne doive pas usurper la place du châtiment d'ordre *principal*, il peut, sous une forme modérée, lui servir de supplément. Le chagrin ou l'indignation que vous ressentez doit être exprimé par vos paroles et vos manières, dans la mesure juste où vous les ressentez, et après que vous avez examiné la justesse de vos sentiments. La nature et la force du sentiment que vous éprouvez dépend nécessairement de votre caractère, et il est par conséquent inutile de dire que vous devez sentir de cette façon ou de cette autre. Néanmoins, vous devez tâcher de modifier vos sentiments et de les amener autant que possible à être ce que vous croyez qu'ils devraient être. Gardez-vous, cependant, des deux extrêmes, non-seulement à l'égard de l'intensité, mais encore à l'égard de la durée de votre mécontentement. Évitez, d'une part, cette faiblesse si commune chez les mères, et qui consiste à suivre, soit en grondant, soit en pardonnant, l'impulsion du moment; d'autre part, ne continuez pas sans nécessité à montrer de la froideur pendant trop longtemps, de peur que votre enfant ne s'accoutume à se passer de votre affection, et que vous ne perdiez ainsi votre influence sur lui. Les réactions morales de ses actions, qu'apportent à votre enfant les sentiments que vous éprouvez, doivent être autant que possible semblables à celles que lui ferait éprouver un père dont le caractère serait parfait.

Ne multipliez pas les ordres ; n'ordonnez que lorsque les autres moyens sont inapplicables ou ont manqué leur effet. « Quand on donne beaucoup d'ordres, dit Richter, c'est plutôt pour l'avantage des parents que pour celui des enfants. » De même que dans les sociétés primitives, la violation des lois est punie, moins parce qu'elle est coupable en elle-même que parce qu'elle implique le mépris de l'autorité du roi — une rébellion contre lui, — de même, dans beaucoup de familles, le châtiment infligé au transgresseur est déterminé, non par la réprobation qui s'attache à la faute, mais par la colère que fait naître la désobéissance. Écoutez comme parlent les parents et les maîtres : « Comment *osez-vous* me désobéir ! — Je vous dis que vous le ferez, monsieur ! — Je vous apprendrai qui est le maître ! » Considérez ce qu'impliquent les mots, le ton, les manières. Ils impliquent beaucoup plus la volonté de régner que le désir de procurer le bien de l'enfant. Pendant la durée d'une querelle, l'état d'esprit du père ou du maître diffère peu de celui d'un despote décidé à punir un sujet récalcitrant. Et pourtant, le père qui sent juste sera comme le législateur philanthrope, qui se réjouit non d'user de coercition, mais de rendre la coercition inutile. Il ne fait point de lois quand il peut avec succès régler par d'autres moyens la conduite des hommes ; et c'est avec regret qu'il a recours à la loi, quand la loi est nécessaire. Comme le remarque Richter, « la meilleure manière de gouverner, c'est de ne *pas trop gouverner.* » Cela est vrai aussi en éducation ; et, pour se conformer spontanément à cette maxime, un père chez qui le goût de la domination est dûment réprimé par le sentiment du devoir, s'appliquera à faire que ses enfants se gouvernent autant que possible eux-mêmes, et n'aura recours à l'absolutisme qu'en dernier ressort.

Mais toutes les fois que vous commandez, commandez avec décision et avec suite. Si le cas est un de ceux où vous ne pouvez pas faire autrement, prononcez votre *fiat*; et, l'ayant prononcé, ne vous en départez jamais plus. Réfléchissez bien à ce que vous allez faire ; demandez-vous si vous avez assez de fermeté ; et si enfin vous faites une loi, faites-la observer à tout prix. Que votre sanction pénale soit semblable à celle qu'inflige la nature inanimée, c'est-à-dire inévitable. La cendre chaude brûle l'enfant qui la touche une première fois ; elle le brûle la seconde fois ; elle le brûle la troisième fois ; elle le brûle toutes les fois, et l'enfant apprend à ne pas toucher à la cendre chaude. Si vous avez autant de suite, si tous les actes chez vous ont la même uniformité, l'enfant respectera bientôt vos lois, à l'égal de celles de la nature. Et ce respect, une fois établi, préviendra des maux domestiques sans fin. De toutes les fautes qu'on peut commettre dans l'éducation, la pire est l'inconséquence ; de même que, dans une société, les crimes se multiplient quand il n'y a point de justice certaine, de même, dans la famille, un nombre immense de transgressions résulte d'une application hésitante ou irrégulière des châtiments. Une mère faible qui menace sans cesse et qui agit rarement ; qui fait des lois précipitamment, et qui s'en repent ensuite ; qui montre, pour la même faute, tantôt de la douceur et tantôt de la sévérité, selon son humeur passagère, prépare mille peines à elle-même et à son enfant. Elle se rend méprisable à ses yeux ; elle lui donne l'exemple de ne savoir pas se dominer ; elle l'enhardit à transgresser ses ordres ; par l'impunité probable, elle fait naître mille conflits, au détriment de son caractère et du caractère de l'enfant ; elle réduit son esprit à n'être plus qu'un chaos moral, chaos dans lequel de longues années d'amère expérience ramèneront difficilement l'ordre. Mieux vaudrait une forme barbare de gouvernement, appliquée avec suite, qu'une forme plus humaine appliquée avec tant d'indécision et de légèreté. Nous le répétons : évitez les mesures coercitives toutes les fois que vous pourrez les éviter ; mais quand vous les aurez adoptées, quand vous trouverez que le despotisme est réellement nécessaire, soyez despote sérieusement.

Souvenez-vous que le but de l'éducation que vous faites, est de former un être apte à se *gouverner lui-même*, non un être apte à *être gouverné par les autres*. Si votre enfant était destiné à vivre esclave, vous ne pourriez trop l'habituer à l'esclavage dans son enfance ;

mais puisqu'il sera tout à l'heure un homme libre; puisqu'il n'aura plus personne auprès de lui pour contrôler sa conduite journalière, vous ne pouvez trop l'accoutumer à se contrôler lui-même, pendant qu'il est encore sous vos yeux. C'est là ce qui rend le système de la discipline par les conséquences naturelles approprié à l'état social auquel nous sommes parvenus en Angleterre. Dans les temps féodaux, quand un des plus grands maux que le citoyen avait à craindre était la colère de ses supérieurs, il convenait que, pendant l'enfance, la vindicte paternelle fût le principal moyen de gouvernement. Mais aujourd'hui que le citoyen n'a rien à craindre de personne; aujourd'hui que le bien et le mal qui lui arrivent, sont uniquement ceux qui résultent de sa conduite en vertu de la nature des choses, il doit commencer à apprendre par expérience, dès ses plus jeunes années, les bonnes ou les mauvaises conséquences qui suivent naturellement tel ou tel acte. Tâchez donc que le gouvernement paternel se retire aussitôt que possible devant ce gouvernement de soi-même qui naît de la prévision des résultats. Pendant la première enfance, il faut une forte somme d'absolutisme. Un enfant de trois ans jouant avec un rasoir ouvert, ne peut pas être livré à la discipline des conséquences, car les conséquences seraient ici trop sérieuses. Mais, à mesure que l'intelligence augmente, le nombre des interventions péremptoires peut être et doit être diminué, pour que ces interventions cessent peu à peu en approchant de la maturité. Toute transition est dangereuse; et la plus dangereuse de toutes, est le brusque passage de la contrainte de la maison paternelle à la liberté du monde. De là, l'importance de suivre la politique que nous préconisons, laquelle, en habituant un jeune homme à la domination de soi-même ; en augmentant par degrés les occasions d'exercer cette domination ; en l'amenant pas à pas à l'exercer sans aide, efface la transition, ordinairement brusque et dangereuse, de la jeunesse, où le gouvernement de l'homme vient du dehors, à la maturité, où il vient du dedans. Que l'histoire de votre législation domestique soit, en petit, l'histoire de notre législation politique : au début, le contrôle autocratique, quand le contrôle est réellement nécessaire; bientôt après, un constitutionnalisme naissant, dans lequel la liberté du sujet est, sur quelques points, reconnue; ensuite, des extensions successives de la liberté du sujet, pour finir par l'abdication royale.

Ne regrettez pas que votre enfant soit volontaire. C'est la contre-partie de cette tendance des parents à diminuer la coercition, qui est si visible dans l'éducation moderne. La disposition à affirmer la liberté d'un côté, correspond à la disposition à cesser la tyrannie de l'autre. L'une et l'autre indiquent qu'on se rapproche du système de discipline que nous soutenons; système par lequel les enfants seront de plus en plus conduits à se diriger eux-mêmes, d'après l'expérience des conséquences naturelles de leurs actes : l'une et l'autre sont le produit de notre état social plus avancé. L'indépendant enfant anglais d'aujourd'hui, est le père de l'Anglais indépendant de demain; et vous ne pouvez pas avoir l'un sans avoir l'autre. Les maîtres de pension allemands disent qu'ils aiment mieux avoir à gouverner douze écoliers allemands qu'un écolier anglais. Souhaiterons-nous donc que nos garçons aient la docilité des jeunes garçons allemands, et qu'ils soient plus tard politiquement asservis, comme les Allemands le sont? Ne tolérerons-nous pas plutôt chez eux ces sentiments qui font les hommes libres, et ne mettrons-nous pas nos méthodes d'éducation d'accord avec eux?

Enfin, souvenez-vous toujours que bien élever un enfant n'est pas une chose facile et simple, mais est au contraire extrêmement difficile et complexe; c'est la plus rude tâche de la vie adulte. La manière grossière dont on exerce le gouvernement domestique, est à la portée des plus basses intelligences. Les coups et les gros mots, sont des moyens qui s'offrent aussi bien au barbare le plus inculte qu'au plus stupide paysan. Les animaux eux-mêmes peuvent appliquer cette méthode de discipline, ainsi qu'on le voit par le grognement et les légers coups de dents qu'une chienne donne à ses petits trop exigeants. Mais si vous voulez appliquer avec succès un système rationnel et civilisé, il faut vous attendre à un vigoureux travail d'attention ; il faut que vous fassiez quelques études, que vous ayez un peu d'intelligence, un peu d'empire sur vous-mêmes. Vous devrez vous demander continuellement quels sont les résultats qui, dans la vie adulte, accompagnent certains actes, et vous devrez chercher les moyens de faire produire aux actes de votre enfant des résultats semblables. Il vous faudra journellement analyser les motifs de la conduite de l'enfant, distinguer entre les actions vraiment bonnes et celles qui semblent l'être, mais qui ont pour mobiles des sentiments d'ordre inférieur ; tandis que vous devrez être sans cesse sur vos gardes contre la méprise cruelle et si fréquente que l'on fait à l'égard des enfants, en prenant pour mauvaises des actions indifférentes, et en leur attribuant des sentiments plus mauvais que ceux qu'ils éprouvent. Vous aurez à modifier plus ou moins votre méthode, afin de la mettre en rapport avec les dispositions particulières de chaque enfant, et à la modifier encore, à mesure que ces dispositions entrent dans des phases nouvelles. Il vous faudra une conviction ferme pour persister dans une ligne de conduite qui semble ne produire que peu ou point d'effets. Surtout, si vous avez affaire à des enfants qui auront été antérieurement maltraités, vous devrez compter sur une longue épreuve de patience, avant d'arriver aux résultats d'une meilleure méthode, puisqu'il est naturel qu'une chose déjà difficile quand on a cultivé le sentiment juste dès l'enfance, devienne doublement difficile quand on a fait naître une fausse manière de sentir. Non-seulement vous devrez analyser les motifs de votre enfant, mais aussi vos motifs à vous-mêmes : distinguer entre les suggestions qui émanent de la vraie sollicitude parternelle et celles qui naissent de votre égoïsme, de votre besoin de repos, de votre goût de domination ; et ensuite, ce qui est plus pénible, après avoir découvert la vraie nature de vos impulsions, vous devrez vaincre ces impulsions, lorsqu'elles seront reconnues mauvaises. Bref, vous devrez faire votre propre éducation, en même temps que vous ferez celle de votre enfant. Au point de vue intellectuel, vous avez à étudier, pour parvenir au bien, ce sujet, le plus complexe de tous : la nature humaine et ses lois, telles qu'elles se montrent chez votre enfant, chez vous-même et dans le monde. Au point de vue moral, vous devez faire un constant appel à vos sentiments les plus nobles et refréner vos sentiments moins élevés. C'est une vérité qui est encore à reconnaître, que la dernière phase du développement mental chez l'homme et chez la femme, ne peut être atteinte que par l'accomplissement vrai des devoirs paternels. Et quand cette vérité sera reconnue, on verra combien est admirable cet arrangement des choses qui conduit l'être humain, par le moyen de ses affections les plus fortes, à se soumettre à une discipline que, sans cela, il éluderait.

Tandis que quelques-uns accueilleront cette conception de l'éducation avec doute et découragement, nous croyons que d'autres verront dans l'élévation même de l'idéal qu'elle renferme la preuve de sa vérité. Qu'elle ne puisse être réalisée par des gens qui n'agissent que par impulsion, peu aimants, peu clairvoyants; qu'elle exige les plus hautes facultés de la nature humaine pour sa réalisation, cela leur semblera prouver qu'elle est adaptée aux états avancés de la société. Quoiqu'elle exige dans l'application beaucoup de travail et de dévouement, ils verront qu'elle promet une moisson abondante de bonheur immédiat et de bonheur à venir. Ils verront que, tandis qu'un faux système d'éducation est un double fléau pour le père et pour l'enfant, un bon système est un double bienfait pour celui qui fait l'éducation et pour celui qui la reçoit.

CHAPITRE IV.

DE L'ÉDUCATION PHYSIQUE.

A la table du squire, après que les dames se sont retirées, aussi bien qu'à l'auberge de la ville un jour de foire, et au cabaret du village le dimanche, le sujet qui, après la question politique du jour, excite généralement l'intérêt, c'est l'élevage des animaux. Quand on revient d'une partie de chasse, pendant qu'on regagne à cheval sa maison, la manière d'améliorer la race chevaline, et les croisements, et les commentaires sur les courses défrayent ordinairement la conversation; une journée de chasse à tir dans les marais ne s'achève pas sans qu'on ait traité de l'art de dresser les chiens. Deux fermiers qui reviennent à travers champs de l'office du dimanche, passent volontiers des remarques sur le sermon aux remarques sur le temps, les récoltes et les bestiaux, et de là, la discussion glisse aux différentes espèces de fourrages et à leurs qualités nutritives. Hodge et Gilles, par leurs observations comparées sur leurs porcheries respectives, montrent qu'ils ont donné leur attention aux pourceaux de leurs maîtres, et qu'ils savent les effets produits sur eux par tel ou tel procédé d'engraissement. Ce n'est pas seulement chez les populations rurales que le règlement du chenil, de l'écurie, de l'étable et de la bergerie, est un sujet favori. Dans les villes aussi, les nombreux artisans qui ont des chiens, les jeunes gens qui sont assez riches pour se permettre les plaisirs de la chasse, et leurs pères, plus sédentaires, qui parlent des progrès de l'agriculture, qui lisent les raports annuels de M. Mechi et les lettres aux *Times* de M Caird, composent tous ensemble une bonne partie de la population. Prenez les adultes mâles du royaume, et vous trouverez que la grande majorité s'intéresse aux questions de croisements, d'élevage, d'éducation des animaux d'une espèce ou d'une autre.

Mais qui, dans les conversations d'après-dîner, ou dans des causeries de même nature, a jamais entendu dire un mot de l'élevage des enfants ? Quand le gentilhomme campagnard a fait sa visite aux écuries, et inspecté lui-même le régime qu'on fait suivre à ses chevaux ; quand il a donné un coup d'œil à ses bestiaux et fait ses recommandations à leur sujet, combien de fois arrive-t-il qu'il monte dans la chambre des enfants, qu'il examine les aliments qu'on leur donne, se fasse rendre compte de leurs heures de repas, et veille à ce que l'aération de leur appartement soit suffisante ? Dans sa bibliothèque, se trouvent *Le Maréchal ferrant*, de White; *Le Livre de la Ferme*, de Stephens; *Le Traité de la Chasse*, de Nemrod, et généralement il a lu ces ouvrages; mais quels sont les livres qu'il a lus sur l'art d'élever les nourrissons et les enfants plus âgés? Les propriétés qu'a, pour l'engraissement des bestiaux, le pain de navette et de colza, la valeur nutritive du foin et de la paille hâchée, le danger de l'abus du trèfle, sont des points sur lesquels est instruit tout propriétaire, tout fermier, tout paysan. Mais quel est celui d'entre eux qui s'est demandé si la nourriture qu'il donne à ses enfants est appropriée aux besoins de la nature chez les filles et les garçons qui grandissent? On dira peut-être, pour expliquer cette anomalie, qu'en s'occupant des animaux, ces hommes ne font que s'occuper de leurs affaires et de leurs intérêts. Cette explication n'est pas suffisante, car il en est de même dans les autres classes de la société. Parmi les habitants des villes, il y en a fort peu qui ignorent qu'il ne convient point de faire travailler un cheval aussitôt après qu'il a mangé; et cependant, il s'en trouverait à peine un parmi eux, en supposant qu'ils fussent tous pères, qui se demandât si le temps que l'on laisse entre les repas de ses enfants et leurs heures de leçons est suffisant! Si vous allez au fond des choses, vous verrez que presque toujours un homme regarde le régime suivi dans la chambre des enfants comme une affaire qui doit lui rester étrangère. « Oh! je laisse tout cela aux femmes! » vous répondra-t-il probablement; et presque toujours aussi, le ton sur lequel il prononcera ces paroles, indiquera assez qu'il regarde de pareils soins comme étant incompatibles avec la dignité de son sexe.

Prise à un autre point de vue que celui de la convention, c'est une chose qui semblera étrange que, pendant que l'élevage de taureaux de première beauté est une affaire à laquelle des hommes d'éducation consacrent beaucoup de temps et de réflexion, le soin d'élever de beaux hommes en soit une qu'ils décident tacitement indigne de leur attention. Des mamans qui n'ont jamais rien appris que les langues et la musique, secondées par des nourrices remplies de vieux préjugés, sont tenues pour des juges compétents de l'alimentation, du vêtement, du degré d'exercice qui convient aux enfants. Pendant ce temps-là, les pères lisent des livres et des articles de journaux, se réunissent en comités, font des expériences, et engagent des discussions, afin de découvrir les meilleurs moyens d'engraisser des porcs primés! Nous voyons qu'on prend des peines infinies pour produire un cheval de course qui gagnera le *Derby*, aucune pour produire un athlète moderne. Si Gulliver eût raconté que les Laputains rivalisaient entre eux pour élever le mieux possible les petits des autres créatures, et ne se souciaient point du tout de savoir comment il fallait élever les leurs, cette absurdité eût semblé égale à toutes les autres absurdités qu'il leur impute.

L'affaire est sérieuse pourtant. Si risible que soit le contraste, le fait qu'il implique n'en est pas moins désastreux. Ainsi que le remarque un penseur, la première condition du succès dans ce monde, c'est « *d'être un bon animal,* » et la première condition de la prospérité nationale, c'est que la nation soit formée de *bons animaux*. Non-seulement, il arrive souvent que l'issue d'une guerre dépend de la force et de la hardiesse des soldats, mais, dans les luttes industrielles aussi, la victoire est attachée à la vigueur physique des producteurs. Jusqu'ici, nous n'avons nulle raison de redouter l'infériorité à cet égard sur ces divers champs de bataille. Mais il y a des raisons de prévoir que bientôt nous serons mis à de plus rudes épreuves. La lutte pour l'existence est si vive dans les temps modernes, que peu nombreux seront les hommes qui pourront en sortir vainqueurs. Déjà des milliers d'entre eux succombent sous la trop haute pression qu'ils subissent. Si cette pression continue à augmenter, comme il est probable, elle éprouvera rudement les meilleures constitutions elles-mêmes. Il devient donc d'une importance particulière d'élever les enfants de façon, non-seulement qu'ils soient aptes à soutenir la lutte intellectuelle qui les attend, mais aussi qu'ils puissent supporter physiquement l'excessive fatigue à laquelle ils seront soumis.

Heureusement, on commence à y songer. Les écrits de M. Kingsley indiquent que la réaction s'opère dans le public contre l'excès et la précocité de la culture intellectuelle chez les enfants, réaction qui, comme toutes les réactions, est peut-être poussée trop loin. De temps en temps, une lettre ou un article inséré dans les journaux témoigne d'un intérêt nouveau pour l'éducation physique. Et la naissance d'une école, à laquelle on a donné le sobriquet significatif de *la chrétienté musculaire,* montre que l'opinion commence à se répandre que, dans notre manière ordinaire d'élever les enfants, nous n'avons pas assez égard à leur bien-être physique. Le sujet est évidemment mûr pour la discussion.

Mettre le régime de la chambre des enfants et de l'école d'accord avec les vérités de la science moderne, c'est là le *desideratum.* Il est temps que les bienfaits apportés à nos moutons et à nos bœufs par les découvertes faites dans les laboratoires, soient partagés par nos enfants. Sans vouloir mettre en doute la grande importance de l'élevage perfectionné des chevaux et des cochons, nous pensons que, comme l'élevage de beaux hommes et de belles femmes ne laisse pas d'avoir aussi quelque importance, les conclusions données par la théorie et confirmées par la pratique, doivent servir de guide dans le second cas aussi bien que dans le premier. Bien des gens seront étonnés, peut-être même offensés, de ce rapprochement d'idées. Mais c'est un fait indiscutable, et qu'il faut accepter, que l'homme est soumis aux mêmes lois organiques que les animaux inférieurs. Aucun anatomiste, aucun physiologiste, aucun chimiste, n'hésitera à affirmer que les principes généraux, reconnus vrais dans les fonctions vitales des animaux, le sont également dans celles de l'homme. La franche admission de ce fait porte avec elle sa récompense, à savoir : que les généralisations sorties des expériences et des observations faites sur les animaux deviennent utiles à l'homme. Si rudimentaire que soit jusqu'à présent la science de la vie, elle possède déjà quelques principes fondamentaux cachés sous le développement de tout organisme, y compris l'organisme humain. Ce qui reste maintenant à faire, et ce que nous allons essayer de faire jusqu'à un certain point, c'est de rechercher quelle doit être l'influence de ces principes sur l'éducation de l'enfance et de la jeunesse.

La tendance à l'alternation, visible dans plusieurs départements de la vie sociale, — cette tendance en vertu de laquelle le despotisme succède aux révolutions, les périodes de réforme aux périodes de conservatisme, les siècles ascétiques aux siècles dissolus; qui, dans le commerce, produit tour à tour l'excès de confiance et la panique, qui fait passer la mode d'un extrême à l'autre. — affecte aussi nos habitudes de table, et par conséquent le régime alimentaire que l'on fait suivre aux enfants. Après une époque où l'on buvait et mangeait vigoureusement, est venue une époque de sobriété comparative, dont la secte des *tempérants* et celle des *légumistes* sont l'expression de protestation la plus forte contre les excès du temps passé. Avec ce changement d'habitudes chez les adultes, s'est produit un changement d'habitudes semblable chez les enfants. Nos pères croyaient que plus on pouvait faire manger les enfants, mieux cela valait; et même aujourd'hui, chez les fermiers et dans les provinces reculées, où les vieilles idées se conservent plus longtemps, on trouve des parents qui excitent leurs enfants à manger jusqu'à la réplétion. Mais dans les classes supérieures, chez lesquelles la réaction vers l'abstinence est plus marquée, on peut observer une disposition à ne point nourrir suffisamment les enfants. Le dégoût qu'on éprouve dans ces classes pour les grossiers appétits des temps passés, se montre encore plus à l'égard des enfants qu'à l'égard des adultes eux-mêmes; car, tandis que leur ascétisme déguisé est modéré, chez eux, par les réclamations de la nature, il s'exerce librement dans la législation qu'ils font pour la jeunesse.

C'est une vérité banale que trop manger et manger trop peu sont mauvais l'un et l'autre. Des deux excès pourtant, le dernier est pire. Ainsi que l'a dit une haute autorité, « les effets de la réplétion accidentelle sont moins préjudiciables et plus tôt réparés que ceux de l'inanition[1]. » De plus, quand on n'intervient point d'une façon peu judicieuse, la réplétion est rare, les enfants se donnent très-rarement des indigestions. « Manger avec excès est le vice des adultes plutôt que des enfants, qui sont rarement gourmands ou épicuriens, si ce n'est par la faute de ceux qui les élèvent[2]. » Ce système de restriction, que tant de parents croient nécessaire d'imposer, est fondé sur des observations insuffisantes et sur de faux raisonnements. Il y a trop de règlements dans la chambre des enfants, comme il y a trop de règlements dans l'État ; et un des inconvénients les plus fâcheux qui en résultent, c'est de trop restreindre les enfants pour leur nourriture.

« Mais, dira-t-on, faut-il permettre aux enfants de surcharger leur estomac, de se bourrer de friandises, comme ils le feront certainement, et de se rendre malades ? » La question ainsi posée n'admet qu'une réponse ; mais, ainsi posée aussi, elle se trouve tranchée d'elle-même. Nous soutenons que, comme l'appétit est un guide sûr chez tous les animaux — un guide sûr chez le nourrisson, un guide sûr chez le malade, un guide sûr chez les diverses races, un guide sûr chez les adultes qui mènent une vie régulière, — on peut en inférer avec certitude qu'il est un guide sûr chez

---

[1] *Encyclopédie de médecine pratique.*
[2] *Idem.*

les enfants. Il serait étrange que, chez eux seulement, ce guide ne méritât point confiance.

Quelques personnes, peut être, supporteront impatiemment cette réponse, persuadées qu'elles peuvent citer des faits qui la contredisent complétement. Il peut sembler absurde de nier le rapport de ces faits. La vérité est que les excès auxquels ces personnes font allusion, sont ordinairement le résultat du système restrictif dont on veut faire la justification. Ce sont les réactions sensuelles du régime ascétique. Ils prouvent, en petit, cette vérité générale : que ceux qui, pendant la jeunesse, ont été soumis à la discipline la plus rigoureuse, sont disposés à se jeter dans la suite dans les plus grandes extravagances. Ils sont analogues à ces effroyables phénomènes, autrefois communs dans les couvents, qui nous montrent des nonnes passant de l'extrême austérité à la dissolution la plus démoniaque. Ils démontrent la force irrésistible de désirs longtemps comprimés. Considérez les goûts des enfants et la manière dont on les traite. Le goût des sucreries est très-marqué et presque universel chez eux. Probablement, quatre-vingt-dix-neuf personnes sur cent, s'imaginent qu'il n'y a rien là qu'une sensualité du palais, et que, de même que d'autres désirs sensuels, elle doit être réprimée. Le physiologiste, cependant, qui est conduit par ses découvertes à révérer de plus en plus l'ordre de la nature, soupçonne que, dans ce goût des sucreries, il y a quelque chose de plus que ce qu'on suppose ordinairement, et bientôt ses recherches confirment ses soupçons. Il découvre que le sucre joue un rôle important dans le développement de l'organisme. Les matières sucrées et les matières grasses sont oxygénées dans notre corps, et il s'en dégage de la chaleur. Le sucre est la forme sous laquelle plusieurs autres composés doivent passer avant que de pouvoir nous fournir de la chaleur animale; et cette formation du sucre a lieu dans notre corps même. Non-seulement l'amidon se change en sucre pendant la digestion, mais il a été démontré par M. Claude Bernard que notre foie est une usine dans laquelle les autres éléments constituants de notre alimentation sont changés en sucre : le sucre étant chez nous un besoin si grand, qu'il est produit par des substances nitrogènes, quand on n'en donne point à l'estomac d'autre manière. Or, si à ce fait que les enfants ont un désir prononcé de sucreries, nourriture productive de calorique, nous joignons cet autre fait, qu'ils ont un dégoût non moins prononcé pour l'aliment qui donne le plus de calorique pendant son oxydation, c'est-à-dire pour les matières grasses, nous avons des raisons de penser que l'excès de l'un compense l'absence de l'autre, et que l'organisme réclame davantage de sucre, parce qu'il ne peut point s'assimiler la graisse. De même, les enfants aiment les acides végétaux. Les fruits de toutes espèces font leurs délices; et, en l'absence de quelque chose de meilleur, ils dévorent les groseilles vertes et les pommes les plus âpres. Or, non-seulement les acides végétaux sont, ainsi que les acides minéraux, de très-bons toniques, et sont bienfaisants à ce titre quand on les prend avec modération, mais, quand ils sont donnés sous leur forme naturelle, ils ont d'autres avantages. « Les fruits mûrs, dit le docteur Andrew Combe, sont donnés beaucoup plus abondamment sur le continent que chez nous, et ils sont souvent très-utilement employés à stimuler les intestins qui fonctionnent imparfaitement. » Voyez donc quel désaccord existe entre les besoins instinctifs des enfants et le régime auquel on les astreint ordinairement! Voilà deux goûts qui sont dominants chez eux, et qui, selon toute apparence, expriment certains besoins de nature dans l'enfance; et non-seulement on les méconnaît, mais habituellement on les contrarie. On s'en tient strictement au pain et au lait le matin, au thé avec du pain et du beurre le soir, ou a quelque autre nourriture également insipide. Toute satisfaction du palais est jugée inutile ou même mauvaise. Quelle en est la conséquence? Quand, les jours de fêtes, les enfants peuvent obtenir l'usage sans réserve des choses qui leur sont agréables; quand un don en argent de poche leur permet de s'approprier l'étalage longtemps envié de la boutique du confiseur; ou quand on leur permet de courir librement dans un verger, alors le désir trop longtemps comprimé conduit à de grands excès. C'est un carnaval impromptu, dû en partie à ce que la contrainte cesse, en partie à ce qu'on prévoit un carême prolongé. Et alors, quand surviennent les indigestions, on prétend qu'il ne faut pas laisser les enfants se guider par leurs appétits ! Ces résultats désastreux des restrictions artificielles, sont donnés pour preuve qu'il faut encore plus de restrictions ! Nous soutenons donc que les raisonnements employés pour justifier ce système d'intervention, sont vicieux. Nous soutenons que, si l'on permettait aux enfants d'user quotidiennement de ces aliments plus savoureux, qui répondent chez eux à des besoins physiologiques, ils en prendraient rarement plus que leur nécessaire, ce qu'ils font aujourd'hui, quand l'occasion s'en présente. « Si les fruits, comme dit le docteur Combe, « formaient une partie de leur nourriture habi- « tuelle » (pris, ainsi qu'il le conseille, non entre les repas, mais aux repas), ils n'éprouveraient point cette convoitise qui les porte à dévorer des pommes vertes et des prunelles. Il en est de même dans les autres cas.

Non-seulement il existe de fortes raisons *à priori* pour se fier aux goûts des enfants, et non-seulement les raisons que l'on donne pour s'en méfier sont sans valeur, mais tout autre guide ne saurait être suivi avec confiance. Quelle peut être la valeur de ce jugement paternel que l'on érige en régulateur ? Quand la mère ou la gouvernante répond *non* à Ollivier qui demande encore de quelque chose, sur quelle donnée se fonde-t-elle ? Elle pense qu'il en a eu assez ; mais quelles sont ses raisons pour le penser ? A-t-elle quelque intelligence secrète avec l'estomac de l'enfant ? A-t-elle une faculté de *voyante*, qui lui permet de distinguer les besoins de son corps ? Si non, comment peut-elle décider avec sûreté ? Ne sait-elle pas que le besoin de nourriture dépend dans le système de causes nombreuses et compliquées, — qu'il varie avec la température, avec l'état hygrométrique de l'air, avec l'état de l'électricité de l'atmosphère ; qu'il varie aussi avec la mesure d'exercice pris ; avec la nature et la quantité d'aliments absorbés dans le dernier repas ; avec la rapidité de la digestion de ce repas ? Comment peut-elle calculer les résultats d'une telle combinaison de causes ? Ainsi que nous le disait le père d'un enfant de cinq ans, qui est plus grand de toute la tête que tous les garçons de son âge, robuste à proportion, rosé, actif : — « Je ne puis trouver aucune règle artificielle pour connaître la quantité de nourriture dont il a besoin. Si je dis : « Ceci suffit, » ce n'est qu'une supposition ; et la supposition peut être fausse aussi bien qu'elle peut être juste. Conséquemment, comme je ne me crois point devin, je laisse l'enfant manger à satiété. » Certainement, quiconque jugera par le résultat, admettra la sagesse de cette conduite. Certes, cette confiance en soi-même avec laquelle les parents légifèrent pour l'estomac de leurs enfants, prouve qu'ils sont étrangers aux lois de la physiologie : s'ils étaient plus instruits, ils seraient plus modestes : « l'orgueil de la science est de l'humilité comparé à l'orgueil de l'ignorance. » Si l'on veut savoir combien il faut se défier des jugements humains, et se fier à l'ordre préétabli des choses, qu'on compare la témérité du médecin inexpérimenté avec la prudence du grand médecin; ou bien, qu'on ouvre l'ouvrage de Sir John Forbes, sur *la Nature et l'Art de guérir les maladies* : on verra qu'à mesure qu'on acquiert une connaissance plus approfondie des lois de la vie, on devient plus défiant de soi-même et plus confiant dans la nature.

Passant de la question de quantité à la question de qualité, nous voyons la même tendance ascétique. Non-seulement on croit devoir donner aux enfants une alimentation insuffisante, mais encore des aliments d'ordre inférieur. L'opinion courante est qu'il faut peu de nourriture animale aux enfants. Dans les classes peu riches, l'économie semble avoir inspiré cette idée: le désir qu'on en a fait qu'on croit à la chose. Les parents qui ne peuvent pas acheter beaucoup de viande, répondent aux enfants qui leur en demandent : « La viande n'est pas bonne pour les petits garçons et les petites filles; » et ce qui n'était d'abord qu'une bonne excuse est devenu, en vertu de la répétition continuelle, un article de foi. Dans les classes riches où l'argent n'est pas une considération, on s'est laissé influencer, en partie par l'exemple de la majorité, en partie par les nourrices qui sont sorties du peuple, et un peu aussi par la réaction contre l'animalisme des générations passées.

Cependant, si nous cherchons sur quoi se fonde cette opinion, nous ne trouvons rien, ou fort peu de chose. C'est un dogme qu'on répète et qu'on accepte sans preuves, comme celui qui imposait, il y a quelques années, l'usage des emmaillottements. Il est très-probable que pour l'estomac des petits enfants qui n'ont pas encore beaucoup de force musculaire, la viande, qui exige une trituration considérable avant qu'elle puisse être réduite en chyme, n'est pas un aliment approprié. Mais cette objection ne tient pas contre des aliments de nature animale, dont on aurait extrait la partie fibreuse; elle n'est pas bonne non plus quand, au bout de deux ou trois ans, l'estomac des enfants a acquis une grande vigueur musculaire. Et tandis que la preuve à l'appui de ce dogme, bonne en partie pour ce qui est des petits enfants, ne vaut rien à l'égard des enfants plus âgés, qui néanmoins sont ordinairement élevés conformément à ses prescriptions, la preuve contraire est forte et décisive. Le verdict de la science est exactement opposé à l'opinion populaire. Nous avons posé la question à deux de nos médecins les plus éminents, et à plusieurs de nos physiologistes les plus distingués; et ils ont conclu uniformément que les enfants doivent avoir une nourriture aussi nutritive, sinon plus nutritive que celle des adultes.

Le fondement sur lequel repose cette opinion est évident, et le raisonnement qui y conduit est simple. Il suffit de comparer le progrès de la vie chez l'enfant et chez l'homme, pour voir que le premier a besoin de plus de nourriture que le second. Pourquoi faut-il à l'homme des aliments? Le voici : tous les jours son corps subit une certaine détérioration : détérioration par l'exercice musculaire; détérioration du système nerveux par l'action mentale; détérioration des viscères par les fonctions de la vie, et le tissu ainsi détruit doit être renouvelé. Chaque jour aussi, par le rayonnement, son corps perd une forte somme de chaleur; or, comme il est nécessaire, pour la continuation des actes vitaux, que la température du corps soit maintenue, cette perte doit être compensée par une production de chaleur; et pour cela certains éléments constituants de notre corps subissent une oxydation continuelle. Compenser l'usure journalière, et fournir à la perte journalière de calorique, ce sont donc là les seules raisons pour lesquelles l'adulte a besoin de nourriture. Considérez maintenant le cas de l'enfant. Lui aussi, il use la substance de son corps par l'action, et il suffit de voir sa turbulente activité pour comprendre que, dans la proportion de son volume, il use probablement autant que l'homme. Lui aussi, il perd de la chaleur par le rayonnement; et comme son corps présente une plus grande surface dans la proportion de sa masse que celui d'un homme, et que par conséquent il perd sa chaleur plus rapidement, la quantité de combustible dont il a besoin est relativement plus grande. De façon que, lors même qu'un jeune garçon n'aurait pas à fournir à un autre mouvement vital que celui de l'homme, il aurait encore besoin, dans la proportion de sa taille, de plus d'aliments. Mais outre la conservation du corps par le remplacement des tissus, outre la production de chaleur, l'enfant doit encore faire des tissus nouveaux : il doit grandir. Après que la déperdition de substance et de chaleur a été compensée, le surplus de la nutrition sert à la construction de l'édifice du corps; et ce n'est que par ce surplus que le développement est possible : la croissance qui a lieu en l'absence de surplus de nutrition causant un affaiblissement visible de l'organisme. Il est vrai que, par une loi mécanique qui ne peut pas être expliquée ici, un petit organisme a l'avantage sur un grand, par la proportion qui existe chez lui entre les causes de déperdition et les moyens de réparation des forces, avantage auquel est due la possibilité de la croissance. Mais cela ne fait que rendre plus évident ce fait que, bien que l'enfant puisse supporter dans une grande mesure un régime contraire à ses besoins sans que l'excès de vitalité qu'il possède soit complétement contrebalancé, tout régime de ce genre a pour effet, en diminuant cet excès, de diminuer aussi sa taille et sa perfection corporelle. Nous voyons combien l'organisme en voie de développement, demande impérieusement des matériaux à s'assimiler, par cette « faim d'écolier » qui n'est plus connue à aucune époque de la vie, et par le retour comparativement prompt de l'appétit chez les enfants. S'il faut une preuve de plus de ce besoin extraordinaire de nourriture, nous l'avons dans ce fait que, dans les famines, à la suite de naufrages ou d'autres désastres, les enfants meurent les premiers.

Étant admis ce besoin plus grand de nourriture qu'on ne peut se refuser à reconnaître, la question est : Y répondrons-nous en donnant aux enfants une plus grande quantité d'aliments que nous pourrions appeler délayés, ou une quantité moindre d'aliments concentrés? La nutrition qu'on peut obtenir d'une petite quantité de viande, ne s'obtient que d'une plus grande quantité de pain, d'une quantité plus grande encore de pommes de terre, et ainsi de suite, la quantité devant être augmentée, à mesure que la qualité nutritive diminue. Satisferons-nous à leur besoin extraordinaire de nourriture, en leur donnant une quantité suffisante d'aliments de qualité aussi nutritive que celle des aliments que prennent les adultes ? Ou bien, sans égard à ce fait, que l'estomac de l'enfant doit digérer un volume d'aliments plus gros, relativement à sa capacité, que celui que digèrent les adultes, le chargerons-nous plus encore, en lui donnant une nourriture d'ordre inférieur en quantité encore plus grande ?

La réponse est assez claire. Plus on économise de

travail digestif, plus on garde de forces pour la croissance et l'action. Les fonctions de l'estomac et de l'intestin ne se font pas sans une grande dépense de sang et de force nerveuse; et dans la fatigue qui suit un repas abondant, tout adulte a la preuve que cette dépense de sang et de force nerveuse, se fait aux dépens du système. Si l'on obtient la nutrition nécessaire au moyen d'une grande quantité d'aliments peu nutritifs, ce n'est qu'en faisant travailler les viscères plus qu'ils ne travailleraient pour obtenir cette même nutrition, au moyen d'une moindre quantité d'aliments plus nutritifs. Ce travail extra est autant de perdu; et cette perte se traduit chez les enfants par une diminution de forces ou de croissance, ou de tous les deux. On doit donc conclure qu'il faut, autant que possible, donner aux enfants une nourriture dans laquelle les qualités nutritives soient réunies aux qualités digestives.

Il est certainement vrai que filles et garçons peuvent être élevés avec des aliments exclusivement végétaux. Dans les classes riches, on trouve des enfants auxquels on donne très-peu de viande et, qui malgré cela, grandissent et semblent bien portants. La nourriture animale est presque inconnue aux enfants des ouvriers, et cependant ils atteignent une maturité vigoureuse. Mais ces faits, en apparence contraires à notre opinion, n'ont pas le poids qu'on croit communément. En premier lieu, il ne s'ensuit pas que ceux qui vivent de pain et de pommes de terre arrivent à un heureux développement; et la comparaison entre les travailleurs et la noblesse en Angleterre, entre les prolétaires et la bourgeoisie en France, n'est nullement à l'avantage des mangeurs de végétaux. En second lieu, la question n'est pas simplement une question de *volume*, mais aussi une question de *qualité*. Des chairs molles font à peu près la même figure que des chairs fermes. Mais, quoique, à l'œil inattentif, un enfant dont les tissus sont flasques, puisse paraître l'égal de celui dont les fibres sont fortes, la moindre épreuve fera connaître la différence qui existe entre eux. L'obésité chez les adultes, est souvent un signe de faiblesse. Les hommes perdent de leur poids par l'exercice qu'on fait subir aux coureurs et aux athlètes. La bonne mine de ces enfants mal nourris ne prouve donc rien. En troisième lieu, outre la taille et l'embonpoint, il faut examiner la vigueur. Entre les enfants de la classe nourrie de viande, et les enfants de la classe nourrie de pain et de pommes de terre, il y a un contraste marqué à cet égard. Sous le rapport de la vivacité, à la fois physique et mentale, l'enfant du paysan est grandement inférieur à l'enfant du gentleman.

Si nous comparons différentes espèces d'animaux ou différentes races d'hommes, ou les mêmes animaux et les mêmes hommes, nourris d'une manière différente, nous avons la preuve plus claire encore que *le degré de force dépend essentiellement de la nature de l'alimentation.*

Chez une vache, nourrie d'aliments aussi peu substantiels que l'herbe, nous voyons que l'énorme volume demandé, nécessite un vaste système digestif; que les membres, petits en comparaison du corps, sont surchargés de son poids; que pour porter un pareil corps, et pour digérer cette effroyable quantité de nourriture, beaucoup de forces sont dépensées, et que, peu de forces restant en réserve, l'animal est inerte. Comparez à la vache le cheval, animal dont la structure se rapproche de la sienne, mais qui est habitué à vivre d'aliments plus concentrés. Ici le corps, et particulièrement la région abdominale, est plus petit par rapport aux membres qu'il ne l'est chez la vache; et ceux-ci ne sont pas écrasés par le poids de viscères aussi massifs, ni épuisés par la fatigue de digérer un si gros volume d'aliments; par conséquent, il y a plus d'activité, de force de locomotion, de vivacité. Si nous comparons également la lourdeur stupide de la brebis herbivore avec la vivacité du chien, qui se nourrit de viande ou de farineux, ou d'un mélange de l'un et de l'autre, nous voyons une différence de même nature, mais plus grande encore. Et après avoir visité le jardin zoologique, et remarqué l'agitation avec laquelle les animaux carnivores vont et viennent dans leurs cages, il suffira de se souvenir que jamais les animaux herbivores ne montrent habituellement cette vigueur superflue, pour voir combien est clair le rapport entre le degré de concentration des aliments et le degré d'activité de l'animal.

Que ces différences ne résultent pas directement de la diversité des constitutions, ainsi que quelques-uns le prétendront, mais qu'elles proviennent de la nature de l'alimentation, c'est ce qui est prouvé par les différences observables chez les animaux de même espèce. Les variétés de chevaux en fournissent un exemple : comparez le lourd cheval de charretier, au vaste abdomen, aux mouvements lents, avec un cheval de course ou de chasse, aux flancs amincis, aux membres vigoureux, et rappelez-vous que la nourriture du premier est beaucoup moins nutritive que celle du dernier. Ou bien, prenez un exemple dans l'humanité : l'Australien, l'Homme des bois, qui vivent de racines et de baies, variées par des larves d'insectes et autre maigre chère, sont comparativement petits, ont de gros abdomens, des muscles mous et peu développés, et sont complétement incapables de lutter avec des Européens, soit au pugilat, soit dans tout effort prolongé. Voyez les races de sauvages, belles de taille, fortes, actives, comme les Kaffirs, les Indiens de l'Amérique du Nord, les Patagons : ce sont de grands mangeurs de viande. L'Hindou, mal nourri, se prosterne devant l'Anglais, dont l'alimentation est plus substantielle. Il lui est inférieur en force mentale et en énergie physique. Et nous voyons que l'histoire montre en général que les races énergiques et conquérantes, ont toujours été les races bien nourries.

L'argument est encore plus fort, si nous remarquons que le même sujet est capable de plus ou moins de travail, selon que sa nourriture est plus ou moins substantielle. Ceci a été prouvé pour les chevaux. Quoiqu'un cheval mis au vert puisse engraisser, il perd de ses forces, comme il est aisé de le voir aussitôt qu'on le met au travail. « Le premier effet de l'herbe fraîche donnée comme nourriture aux chevaux, c'est le relâchement de leur système musculaire. » « L'herbe est très-bonne à engraisser un bœuf pour le marché de Smithfield; mais elle ne vaut rien pour faire un cheval de chasse. » On a toujours vu qu'après avoir laissé les chevaux de chasse pâturer pendant l'été, il faut les nourrir pendant quelques mois à l'écurie, pour qu'ils puissent suivre les chiens, et qu'ils ne sont point parfaitement refaits avant le printemps suivant. La pratique moderne est celle recommandée par M. Apperley : « de ne jamais mettre un cheval de course au paturage, excepté dans des circonstances exceptionnelles et très-favorables, et de le tenir constamment à l'écurie : » ce qui veut dire de ne lui donner jamais une mauvaise nourriture. On ne peut obtenir beaucoup de vigueur et de solidité que par l'usage prolongé d'aliments nutritifs. Cela est si vrai que, d'après M. Apperley, le long usage d'aliments substantiels, permet à un cheval de force moyenne d'égaler un cheval de première force, nourri de la manière ordinaire. A toutes ces preuves, ajoutez ce fait bien connu, que lorsqu'on fait faire à un cheval une double étape, on a l'habitude de lui donner des pois ou des haricots, lesquels contiennent une plus grande proportion de substance nitrogène, ou propre à faire des tissus, que son avoine ordinaire.

En ce qui concerne les hommes, le fait a été établi d'une façon plus claire encore. Nous ne parlons pas du régime des athlètes, qui se conforme strictement à cette doctrine. Nous parlons de l'expérience faite par les entrepreneurs de chemins de fer et leurs ouvriers. On a éprouvé depuis longtemps que la marine anglaise, dont le personnel est fortement nourri de viande, est plus active que les marines continentales, dont les équipages sont nourris de farineux. Cela est si vrai, que les Anglais qui se sont faits entrepreneurs de chemins de fer sur le continent, ont trouvé de l'avantage à faire venir leurs ouvriers d'Angleterre. Ce qui prouve que cela est dû à la différence de nourriture et non à la différence de races, c'est que lorsque les équipages des marines continentales sont nourris de la même manière que les équipages anglais, ils approchent beaucoup d'eux comme activité et comme force. Ajoutons à ce fait notre témoignage personnel, fondé sur une expérience de six mois d'alimentation purement végétale ; expérience d'où il résulte que l'abstinence de viande produit une diminution de vigueur physique et intellectuelle.

Ces diverses preuves ne viennent-elles pas à l'appui

de notre opinion sur l'alimentation qui convient aux enfants? N'en résulte-t-il pas que, même en supposant qu'on puisse atteindre à la même stature et au même embonpoint avec une nourriture peu substantielle qu'avec des aliments nutritifs, il existera une grande différence dans la qualité des tissus? N'établissent elles pas le principe que la bonne nourriture est indispensable à l'accroissement et à la vigueur? Ne confirment-elles point la conclusion *à priori* que, bien que des enfants auxquels on demande peu d'activité corporelle et mentale puissent très-bien vivre de farineux, des enfants qui doivent fournir à beaucoup d'exercice musculaire et intellectuel, en outre de la formation de nouveaux tissus, doivent être nourris d'aliments contenant une plus grande proportion d'aliments nutritive? Et le corollaire évident de cette vérité n'est-il pas qu'en leur refusant cette alimentation supérieure, on nuit, soit à leur croissance, soit à leur vigueur corporelle, soit à leur énergie mentale, selon les circonstances et selon la constitution des enfants? Nous croyons qu'aucun esprit logique ne le mettra en doute. Penser autrement, c'est en revenir, sous une forme déguisée, à la vieille erreur du mouvement perpétuel; c'est croire qu'on peut tirer la force du néant.

Avant de quitter le sujet de l'alimentation, nous devons dire quelques mots de la *variété* qu'il est nécessaire d'y introduire. A cet égard, le régime des enfants est très-défectueux. S'ils ne sont pas, comme les soldats de notre armée, condamnés à « vingt ans de bœuf bouilli, » ils ont à supporter une monotonie qui n'est guère moins en désaccord avec les lois de l'hygiène. A dîner, ils ont, il est vrai, une nourriture plus ou moins mélangée, et qui change tous les jours. Mais tous les jours de la semaine, toutes les semaines du mois, tous les mois de l'année, ils ont le même déjeuner de pain et de lait, ou de soupe au gruau d'avoine; et, avec la même persistance, on achève la journée par une seconde édition de la soupe au lait, ou peut-être par du thé, accompagné de pain et de beurre.

Cet usage est en opposition avec les indications fournies par la physiologie. La satiété produite par un mets souvent représenté, et le plaisir causé par l'apparition d'un mets auquel le palais est resté longtemps étranger, n'est *pas* un fait sans signification, comme bien des gens le supposent légèrement; ce sont des excitations de la nature à varier le régime alimentaire. C'est un fait établi par de nombreuses expériences qu'il n'y a presque pas un seul aliment, même de premier ordre, qui fournisse, en proportion suffisante ou convenable, tous les éléments nécessaires aux fonctions normales de la vie : d'où il suit que le changement de nourriture est désirable pour arriver à établir la proportion voulue entre les divers éléments. C'est un autre fait, bien connu des physiologistes, que le plaisir causé par la dégustation de certains aliments préférés est un stimulant nerveux, qui, en activant les battements du cœur, et en chassant le sang avec plus de force, aide à la digestion. Et ces vérités sont en harmonie avec la maxime suivie à l'égard des animaux, qui prescrit de les nourrir d'aliments alternés.

Non-seulement le changement périodique de nourriture est très-désirable, mais, pour la même raison il est très-désirable que chaque repas soit composé d'aliments mélangés. La plus juste pondération des ingrédients et la plus grande excitation nerveuse sont des avantages qui se confirment ici comme ailleurs. Si l'on en veut la preuve, nous pouvons citer la facilité comparative avec laquelle un estomac digère un dîner français, énorme comme quantité, mais extrêmement varié comme espèces de mets. Peu de personnes prétendront qu'un poids égal d'aliments d'une seule espèce, si bien préparés qu'ils fussent, pourrait être digéré avec la même facilité. Si l'on veut une preuve encore, on peut la trouver dans tout ouvrage moderne sur l'élève des bestiaux. Les animaux se développent mieux quand chacun de leurs repas est composé de plusieurs choses différentes. Les expériences de Goss et de Stark « fournissent une preuve décisive de l'avantage, ou plutôt de la nécessité d'un mélange de substances, pour produire le composé le mieux approprié aux fonctions de l'estomac [1]. »

Si quelqu'un objecte que le changement de nourri-

---

[1] *Encyclopédie d'anatomie et de physiologie..*

ture et la variété des mets pour les enfants, donneraient trop de peine, nous répondrons que nulle peine n'est trop grande si elle favorise bien leur développement mental, et que le développement corporel est encore plus important pour leur bien-être futur. De plus, il est triste et bien étrange qu'une peine qu'on se donne volontiers pour engraisser des cochons, soit jugée trop grande quand il s'agit d'élever des enfants.

Un mot d'avertissement encore à ceux qui voudraient adopter le régime que nous indiquons. Le changement ne doit pas être fait brusquement ; car une alimentation peu nutritive, quand elle a été prolongée, a tellement affaibli le système, qu'il ne peut supporter une alimentation forte. La nutrition insuffisante est en elle-même une cause de dyspepsie. Cela est vrai, même des animaux. « Quand les veaux sont nourris de lait écrémé, ou de petit-lait, ou de quelque autre aliment pauvre, ils sont sujets aux indigestions[1]. » De là vient que, quand le sujet a peu de force, la transition à une alimentation nutritive doit être graduelle : chaque accroissement de vigueur justifiant un accroissement de nutrition. Ensuite, il faut se souvenir que la concentration des substances nutritives ne doit pas être poussée trop loin. A chaque repas, il convient que l'estomac soit rempli ; et cela indique qu'il faut que la masse des aliments pris ait un certain volume, quoique la capacité des organes

---

[1] Morton, *Encyclopédie d'agriculture*.

digestifs soit moins grande chez les races civilisées et bien nourries que chez les races sauvages et mal nourries; et quoique cette capacité puisse diminuer peut-être encore dans l'avenir, cependant, dans le temps où nous sommes, le volume d'aliments doit être mesuré à celui de l'estomac. Cette proportion étant gardée, notre conclusion est que l'alimentation des enfants doit être hautement nutritive; qu'elle doit être variée à chaque repas et dans le même repas, et qu'elle doit être abondante.

Il en est du vêtement comme de la nourriture. On tend à le rendre insuffisant. Ici encore, l'ascétisme reparaît. Il y a dans le monde une théorie courante, que l'on accepte vaguement si on ne la définit pas, qui est qu'il ne faut point tenir compte de nos sensations. Réduite à sa forme simple, cette théorie implique que les sensations n'ont pas pour objet de nous guider, mais de nous égarer. C'est une grave erreur : nous sommes constitués d'une manière beaucoup plus avantageuse. Cependant ce n'est point parce qu'on obéit aux sensations, c'est parce qu'on leur désobéit qu'on expose le corps à tous le maux. Ce n'est point de manger quand on a faim, mais de manger quand on n'a pas faim, qui est mauvais. Ce n'est point de boire quand on a soif, mais de continuer à boire quand on n'a plus soif, qui constitue un vice. Le mal ne résulte pas de respirer cet air frais qui est si agréable à toute personne bien portante, mais de respirer l'air impur en dépit de la protestation des poumons. Le mal ne résulte pas de cet exercice salutaire auquel nous pousse la nature, comme nous le voyons chez les enfants, mais du mépris des suggestions de la nature. Ce n'est pas l'activité mentale spontanée qui est nuisible, mais celle qui est continuée, en dépit des douleurs de tête et de la chaleur excessive du visage. Ce n'est point l'exercice corporel, soit agréable, soit indifférent, qui est dangereux, c'est l'exercice prolongé malgré l'épuisement. Il est vrai que, chez ceux qui ont mené une vie peu saine, les sensations ne sont pas toujours des guides sûrs. Les gens qui, pendant des années, ont vécu renfermés, qui ont beaucoup exercé leur cerveau et presque pas leur corps, qui ont mangé pour obéir à l'horloge et non à leur estomac, peuvent très-bien être égarés par des sensations viciées; mais leur situation anomale est le résultat de leurs transgressions à l'égard de ces mêmes sensations. S'ils n'avaient jamais, depuis l'enfance, désobéi à ce que nous pourrions appeler la conscience physique, elle n'aurait point été émoussée, mais serait restée un moniteur fidèle.

Au nombre des sensations qui servent à nous guider, sont les sensations de chaud et de froid; et un mode d'habillement, qui ne tient point compte de ces sensations chez les enfants, doit être désapprouvé. L'idée ordinaire qu'il faut « endurcir le corps » est une illusion fâcheuse. Bien des enfants sont si bien endurcis qu'ils s'en vont de ce monde; et ceux qui survivent souffrent du système suivi à leur égard, soit dans leur santé, soit dans leur croissance. « Leur air délicat, dit le docteur Combe, fournit une ample indication du mal fait, et leurs fréquentes maladies, devraient être un avertissement pour les parents irréfléchis. Le raisonnement sur lequel repose cette théorie de l'endurcissement est extrêmement superficiel. Des gens riches qui voient des enfants de paysans jouer dehors à moitié nus, et qui remarquent l'air bien portant des gens de campagne, en tirent la conclusion que la santé est le fruit du vêtement léger, et résolvent de tenir leurs propres enfants légèrement couverts! On oublie que ces marmots, qui gambadent sur les places des villages, vivent, à plusieurs égards, dans des conditions favorables. Que leur vie se passe en jeux perpétuels ; qu'ils respirent l'air pur toute la journée; et que leur système n'est point dérangé par le travail cérébral. Malgré les apparences, ce n'est point le vêtement léger qui les rend bien portants; ils sont bien portants, malgré le vêtement léger. Nous croyons que notre conclusion est la vraie, et que la perte de chaleur animale à laquelle ils sont soumis, est un préjudice pour eux.

Car, lorsque, la constitution étant assez robuste pour le supporter, les enfants s'endurcissent en étant exposés au froid, cela n'a lieu qu'aux dépens de leur croissance. Cette vérité est aussi évidente chez l'animal que chez l'homme. Les poneys des îles Shetland, supportent une température plus dure que les chevaux du midi de l'Angleterre ; mais ils sont nains. Les moutons des montagnes d'Écosse, sont rabougris en comparaison des moutons anglais. Dans les régions arctiques et antarctiques, la race humaine tombe au-dessous de la taille ordinaire. Les Lapons et les Esquimaux sont très-petits ; et les indigènes de la Terre-de-Feu, qui vont nus sous un climat froid, sont, dit Darvin, si laids et si rabougris, « que nous pouvons à peine croire que ce soient nos semblables. »

La science explique ce rabougrissement par la soustraction de la chaleur animale, prouvant qu'à nourriture et autres choses égales, il en est le résultat nécessaire. Car, ainsi que nous l'avons dit, pour compenser ce réfroidissement par rayonnement que le corps subit continuellement, il faut qu'il y ait oxydation constante de certaines matières qui, sans cela, serviraient à l'alimentation. Et en proportion de la perte de calorique, on doit augmenter la quantité des substances à oxygéner. Mais la puissance des organes digestifs a des bornes. Conséquemment, quand ils ont à préparer une grande quantité de matériaux pour maintenir la température du corps, ils ne peuvent en préparer que peu pour former le système. Une grande dépense de combustible, amène une diminution de matériaux disponibles pour un autre emploi. D'où il résulte que le corps reste petit, ou inférieur par la qualité des tissus, ou tous les deux à la fois.

De là vient la grande importance du **vêtement**.

Ainsi que le dit Liebig : « Le vêtement est pour nous, eu égard à la température du corps, le simple équivalent d'une certaine somme de nourriture. » En diminuant la perte de calorique, il diminue le besoin de combustible pour le maintient de cette température; et quand l'estomac a moins à faire pour préparer le combustible, il peut faire davantage pour préparer d'autres matériaux. Cette déduction est confirmée par l'expérience de ceux qui soignent les animaux. Le froid n'est supporté par eux qu'aux dépens de leur graisse, de leurs muscles, ou de leur croissance, suivant le cas. « Si on expose au froid des animaux mis à l'engrais, le progrès de l'engraissement sera retardé, ou bien il faudra ajouter beaucoup à leur nourriture[1]. » M. Apperley insiste fortement sur la nécessité de tenir les écuries chaudes, pour mettre les chevaux de chasse en bon état. Et chez les éleveurs de chevaux de courses, c'est une opinion établie que l'on doit éviter d'exposer les chevaux au froid.

La vérité scientifique, ainsi démontrée par l'éthnologie, et reconnue par les agriculteurs, s'applique aux enfants avec une double force. Plus ils sont petits et plus leur croissance est rapide, plus le mal que leur fait le froid est grand. En France, des nouveau-nés meurent quelquefois d'avoir été portés à la mairie pour être enregistrés sur le registre des naissances. « M. Quetelet a montré qu'en Belgique, il meurt deux enfants en janvier contre un en juillet. » En

[1] *Encyclopédie d'agriculture*, de Morton.

Russie, la mortalité des enfants est énorme. Même quand ils approchent de la maturité, le corps, mal développé, ne peut supporter d'être exposé au froid, ainsi que le prouve la rapidité avec laquelle les jeunes soldats succombent pendant une campagne pénible. La raison en est claire. Nous avons déjà dit qu'à cause de la proportion de la surface à la masse, un enfant perd relativement plus de calorique qu'un adulte; et ici, nous devons faire remarquer que le désavantage supporté par les enfants est très-grand. Lehmann dit : « Si la quantité d'acide carbonique exhalée par les enfants est calculée d'après le poids de leur corps, il en résulte que les enfants produisent proportionnellement deux fois plus d'acide carbonique que les adultes. » Or, la quantité d'acide exhalée varie assez exactement dans la proportion de la chaleur produite. Et ainsi, nous voyons que, chez les enfants, le système, même dans des conditions non défavorables, doit fournir, dans une condition double, les matériaux générateurs de la chaleur.

Qu'on voie donc la folie qu'il y a à vêtir les enfants légèrement. Quel est le père qui, arrivé comme il l'est à sa croissance, n'ayant d'autre besoin physiologique que le remplacement quotidien des tissus, et perdant la chaleur beaucoup moins vite que son enfant, croirait salutaire d'aller jambes nues, bras nus et cou nu? Cependant cette contribution corporelle, devant laquelle il reculerait pour son propre compte, il l'impose à de petites créatures, beaucoup moins en état que lui de la supporter, ou, s'il ne l'impose pas lui-même, la leur voit imposer par d'autres sans protestation ! Qu'il se souvienne que chaque once de substance nutritive inutilement dépensée pour le maintien de la température du corps, est autant d'enlevé à la nutrition d'où sort le développement corporel, et que, lors même qu'on échappe aux rhumes, aux congestions ou à d'autres maladies, une croissance moindre ou une structure moins parfaite en est le résultat.

« La règle est donc de ne pas s'habiller dans toutes les circonstances d'une manière invariable, mais de mettre des vêtements qui soient *suffisants comme nature d'étoffe et comme épaisseur, pour protéger le corps contre toute sensation éventuelle de froid, si légère qu'elle soit.* » Cette règle, dont le docteur Combe souligne l'importance par des italiques, est une de celles que reconnaissent tous les hommes de science et tous les praticiens. Nous n'avons rencontré personne de compétent pour formuler un jugement à ce sujet, qui n'ait fortement condamné la pratique d'exposer à l'air les membres des enfants. S'il y a une « habitude pernicieuse » qu'on devrait perdre, c'est celle-là.

Il est vraiment lamentable de voir des mères nuire à la santé de leurs enfants, pour suivre une mode déraisonnable. Il est déjà assez fâcheux qu'elles se conforment pour elles-mêmes à toutes les folies inventées par nos voisins les Français ; mais qu'elles habillent leurs enfants en saltimbanques, sur les indications du *Petit Courrier des dames*, sans avoir égard à l'incommodité ou à l'insuffisance de ces costumes, c'est une chose monstrueuse. On inflige ainsi aux enfants une gêne plus ou moins grande; on leur cause des maladies; on arrête leur croissance ou l'on mine leur constitution; il n'est pas rare qu'on ait causé leur mort prématurée, et cela, parce qu'on croit nécessaire de couper leurs habits sur les modèles et dans les étoffes inventés par la mode française. Non-seulement les mères, pour se conformer à la mode, font du mal à leurs enfants, mais, pour le même motif qu'on ne les couvre pas, on leur impose un genre de vêtement qui les empêche de pouvoir se livrer à une saine activité. On choisit, pour plaire aux yeux, des couleurs et des étoffes tout à fait impropres au rude usage auquel elles devraient être destinées par les jeux libres des enfants; et pour les empêcher de gâter leurs vêtements, on leur interdit les libres jeux. « Levez-vous tout de suite : vous allez salir votre jaquette neuve, » dit une mère à un marmot qui se roule par terre. « Venez ici, vous allez salir vos bas, » crie une gouvernante à un enfant qui s'écarte du sentier battu pour gravir un remblai. C'est ainsi que le mal est doublé. Afin de répondre à l'idée qu'a leur mère de l'élégant et du joli, et afin d'être admirés des visiteurs, il faut que les enfants aient des vêtements qui ne les couvrent pas assez, et dont l'étoffe est trop légère; et afin que ces vêtements peu solides soient ménagés et tenus propres, il faut que l'inquiète activité, si naturelle et si nécessaire chez la jeunesse, soit contenue. L'exercice qui devient doublement utile quand le vêtement est insuffisant, se trouve arrêté parce que l'on redoute de gâter le vêtement. Pourquoi faut-il que la funeste cruauté de ce système ne soit point comprise par ceux qui le mettent en vigueur ! Nous n'hésitons pas à dire que par l'affaiblissement de la santé, la diminution des forces et par l'insuccès dans la vie qui en est la conséquence, des milliers de créatures humaines sont chaque année condamnées au malheur, seulement par égard pour les apparences, lorsqu'elles ne sont point, par une mort prématurée, sacrifiées au Moloch de la vanité maternelle. Nous n'aimons pas les conseils de rigueur. Mais le mal est si grand, qu'il justifie, qu'il réclame même l'intervention péremptoire des pères de famille.

Notre conclusion est donc que, si l'habillement des enfants, ne doit jamais être assez lourd pour produire une chaleur accablante, il doit toujours être assez chaud pour prévenir toute sensation de froid[1]; qu'au lieu d'être en coton, en toile, ou en quelque tissu de

---

[1] Il faut remarquer que les enfants dont les bras et les jambes ont été exposés à l'air depuis le commencement, n'éprouvent pas la sensation du froid sur les surfaces nues, de même que, par l'habitude, nous avons cessé de sentir le froid au visage. Mais il ne s'ensuit pas que notre système échappe pour cela au préjudice qu'on lui cause; pas plus qu'il ne s'ensuit de ce que l'habitant de la Terre-de-Feu supporte avec indifférence la neige se fondant sur son corps nu, que sa constitution n'en soit pas atteinte.

fantaisie, il doit être fait d'une matière qui soit un mauvais conducteur de calorique, comme d'une grossière étoffe de laine; qu'il soit assez solide pour supporter aisément le tirage et le frottement que lui feront subir les jeux violents des enfants; et que la couleur en soit telle qu'on puisse l'exposer à tout sans crainte de le salir.

L'attention a été éveillée chez presque tout le monde sur l'importance de l'exercice corporel. Il est peut-être moins nécessaire de parler de cette partie de l'éducation physique que de la plupart des autres parties, du moins pour ce qui est des garçons. Les écoles publiques et particulières ont toutes des mails et des salles de récréation à peu près convenables; et l'on y consacre habituellement une bonne partie du temps aux jeux en plein air qui sont reconnus nécessaires. En cela, sinon en autre chose, on admet que l'instinct naturel des jeunes garçons doit être suivi; et dans la nouvelle coutume de couper les longues leçons de la matinée et de l'après-midi par quelques minutes de récréation à l'air, nous voyons s'accroître la tendance à conformer les règlements de l'école aux sensations physiques des élèves. Nous avons donc peu de chose à dire ici, soit comme exposé de motifs, soit comme conseils pratiques.

Mais nous avons dû dire, en reconnaissant qu'on admettait la nécessité de l'exercice : « Pour ce qui est des garçons. » Malheureusement, il en est tout autrement, en ce qui concerne les filles. Nous avons, par hasard, une occasion personnelle de faire journellement la comparaison à cet égard. Deux écoles, une de filles, l'autre de garçons, se trouvent sous nos fenêtres, et le contraste entre elles est remarquable. Dans l'école de garçons, la presque totalité d'un grand jardin, est convertie en un terrain découvert et sablé qui fournit un vaste champ de jeux, et qui est garni de poteaux et de barres horizontales pour servir aux exercices gymnastiques. Tous les jours avant le déjeuner, puis à onze heures, puis à midi, puis le soir après les classes, le voisinage est assourdi par un chorus de cris et de rires qui l'avertit que les élèves sortent de classes, et se précipitent au jeu. Tant qu'ils sont dehors, les yeux et les oreilles rendent témoignage qu'ils sont plongés dans cette activité agréable qui fait battre le pouls plus fort et assure, par là, le fonctionnement sain de tous les organes. Combien diffèrent est le tableau présenté par « l'établissement d'éducation pour les jeunes demoiselles ! » Avant qu'on nous l'eût dit, nous ne savions point qu'il y eût un pensionnat de jeunes filles, aussi près de nous que le pensionnat des jeunes gens. Le jardin, de même étendue que l'autre, n'offre rien de particulier pour servir aux amusements de la jeunesse ; il est tout formé de pelouses, d'allées sablées, de massifs et de corbeilles de fleurs, à la façon des jardins ordinaires.

Pendant un espace de cinq mois, nous n'avons pas entendu un rire ou un cri. Quelquefois, on aperçoit des jeunes personnes qui suivent lentement les allées, leurs livres d'étude à la main, ou qui se promènent en se donnant le bras. Une seule fois, nous en avons aperçu une qui courait après une autre autour du jardin. A cette seule exception près, nous n'avons jamais vu qu'elles se livrassent à aucun exercice violent.

Pourquoi cette étonnante différence? Est-ce que la constitution d'une fille diffère si essentiellement de celle d'un garçon, qu'elle n'ait pas besoin de ces exercices actifs? Est-ce qu'une fille n'a aucun de ces goûts qui poussent les garçons aux jeux bruyants? Ou bien, doit-on penser que, pendant que la nature a donné ces goûts aux jeunes gens, comme des stimulants à une activité sans laquelle ils ne peuvent atteindre à un développement suffisant, elle ne les a donnés à leurs sœurs que pour vexer les maîtresses d'école? Peut-être cependant nous méprenons-nous sur la pensée des personnes chargées de l'éducation du sexe plus doux. Nous soupçonnons vaguement qu'elles sont sous l'empire de cette idée, qu'il n'est point désirable de produire chez les filles un robuste développement physique; qu'une rude santé et une grande vigueur sont des qualités plébéiennes; qu'une certaine délicatesse, une force calculée sur des promenades d'un mille ou deux; qu'un petit appétit délicat et facilement satisfait, joints à cette timidité qui accompagne la faiblesse, sont jugés choses plus convenables à des femmes du monde. Nous ne nous attendons pas à ce qu'on en fasse l'aveu ; mais nous imaginons que l'esprit de la gouvernante est hanté par un idéal de demoiselle, fort ressemblant avec celui-là. S'il en est ainsi, il faut admettre que le système établi est parfaitement trouvé pour produire cet idéal. Mais supposer que cet idéal est celui des hommes, est une profonde erreur. Sans doute, il est certain qu'ils ne sont pas généralement attirés vers les femmes aux formes masculines. Nous admettons pleinement qu'une certaine faiblesse relative, qui demande protection, est pour eux un attrait. Mais la différence qui correspond aux sentiments de l'homme, est la différence préétablie qui s'affirmera assez d'elle-même, sans qu'on ait recours à des moyens artificiels. Et quand, par ces moyens artificiels, le degré de différence dépasse celui voulu par la nature, il devient un élément de répulsion, plutôt que d'attraction.

« Ainsi, il faut permettre à des petites filles de courir comme des folles, et les faire grandir dans les gambades et les horions, » s'écriera quelque zélateur des convenances. Ceci est, pensons-nous, la crainte toujours présente à l'esprit des maîtresses de pension. Il résulte d'informations prises que, dans les « établissements d'éducation pour les jeunes demoiselles, » les jeux bruyants, tels que ceux auxquels se livrent journellement les garçons, sont considérés comme une transgression punissable, et nous en inférons qu'on les défend, de peur que les petites filles ne prennent des habitudes qui ne conviennent point à des femmes du monde. Cette crainte est, cependant, tout à fait sans fondements. Car, si les jeux actifs permis aux garçons ne les empêchent point d'avoir plus tard des manières de gentilshommes, pourquoi ces mêmes jeux empêcheraient-ils les filles d'avoir, plus tard, des manières de dames? Si rudes qu'aient pu être leurs caprices dans la salle de récréation à l'école, les jeunes gens qui ont quitté l'école ne s'amuseront pas à faire des culbutes dans la rue, ou à sauter à cloche-pied dans un salon. En quittant leurs jaquettes, ils quittent du même coup les jeux de garçons, et ils montrent un soin extrême, souvent même un soin risible, à éviter tout ce qui n'est pas tel qu'il convient à un homme. Si, en arrivant à un certain âge, le sentiment de la dignité de l'homme met fin aux jeux des jeunes garçons, le sentiment de la modestie féminine ne mettra-t-il pas fin, de même, lorsqu'il se fortifiera par degrés à l'approche de la maturité, aux jeux des petites filles? Les femmes n'ont-elles pas plus que les hommes encore le respect des apparences? Et par conséquent, ne seront-elles pas plus portées qu'eux encore à éviter les manières rudes et bruyantes? Combien il est absurde de supposer que les instincts de la femme ne s'affirmeraient pas d'eux-mêmes, et sans qu'il fût besoin de recourir à la discipline rigoureuse des maîtresses d'école!

Ici, comme dans d'autres cas, pour remédier aux maux causés par un traitement artificiel, on a eu recours à un autre traitement artificiel. Comme on avait défendu l'exercice spontané, et qu'on voyait trop les effets de l'absence d'exercice, on a adopté un système d'exercice factice : la gymnastique. Que cela vaille mieux que rien, nous l'admettons ; mais que ce soit un équivalent du jeu, nous le nions formellement. Les inconvénients en sont à la fois positifs et négatifs. En premier lieu, ces mouvements réglés, nécessairement moins divers que ceux qui résultent des exercices libres, n'assurent pas une répartition égale d'activité entre toutes les parties du corps ; d'où il résulte que, l'exercice tombant sur une partie seulement du système musculaire, la fatigue arrive plus tôt qu'elle n'arriverait sans cela ; — ce qui, par parenthèse, conduit, si l'on persiste dans ces exercices, à un développement hors de la proportion voulue des parties du corps entre elles. Puis, non-seulement la somme de l'exercice pris est inégalement distribuée, mais cet exercice, n'étant pas accompagné de plaisir, est moins salutaire ; même quand ils n'ennuient point les élèves, à titre de leçons, ces mouvements monotones deviennent fatigants faute du stimulant de l'amusement. On se sert, il est vrai, de l'émulation en guise de stimulant ; mais ce n'est point là un stimulant continuel, comme celui du plaisir qui se mêle aux jeux variés. La plus forte objection reste encore à faire. Outre que la gymnastique est inférieure au libre jeu comme *quantité* d'exercice musculaire, elle lui est encore plus inférieure sous le rapport de la *qualité* de cet exercice. Cette absence comparative de plaisir qui fait qu'on abandonne vite les exercices artificiels, fait aussi qu'ils ne produisent que des effets médiocres sur le système. L'idée vulgaire qu'aussi longtemps qu'on obtient la même somme d'exercice corporel, il importe peu que cet exercice soit agréable ou non, renferme une grave erreur. Une excitation cérébrale accompagnée de plaisir, a sur le corps une influence hautement fortifiante. Voyez l'effet produit sur un malade par une bonne nouvelle, ou par la visite d'un vieil ami ! Remarquez combien les médecins recommandent aux personnes faibles les sociétés gaies ! Souvenez-vous du bien que fait à la santé le changement de lieux ! La vérité est que le bonheur est le plus puissant des toniques. En accélérant les mouvements du pouls, il facilite l'accomplissement de toutes les fonctions ; et il tend ainsi à augmenter la santé quand on la possède, à la rétablir quand on l'a perdue. De là, la supériorité intrinsèque du jeu sur la gymnastique. L'extrême intérêt que les enfants prennent au premier, la joie désordonnée avec laquelle ils se livrent à leurs plus folles boutades, sont aussi importants en eux-mêmes au développement du corps que l'exercice qui les accompagne. Et faute de ces stimulants mentaux, la gymnastique est radicalement défectueuse.

Donc, accordant, comme nous le faisons, que le mouvement des membres vaut mieux que l'absence de tout mouvement; qu'on peut s'en servir avec avantage comme d'un moyen supplémentaire, nous soutenons qu'ils ne peuvent jamais remplacer les exercices indiqués par la nature. Pour les filles, comme pour les garçons, les jeux auxquels les poussent leurs instincts naturels, sont essentiels à leur bien-être corporel. Quiconque les défend, défend d'user des moyens divinement institués pour le développement physique.

Un point nous reste à examiner : — point qui exige peut-être plus de réflexion que les précédents. Bien des personnes prétendent que dans les classes élevées les jeunes gens et ceux qui approchent de la maturité, ne sont ni aussi grands, ni aussi forts que leurs pères. En entendant cette assertion pour la première fois, nous étions porté à la mettre sur le compte de la vieille tendance qu'ont les hommes à vanter le passé aux dépens du présent. Nous souvenant qu'à en juger par les anciennes armures, la taille moyenne est plus grande aujourd'hui qu'autrefois, et que les statistiques de la mortalité indiquent une longévité un peu plus grande, nous avions donné peu d'attention à une opinion qui ne nous semblait pas fondée. Cependant un examen plus scrupuleux a ébranlé notre opinion. Laissant de côté la classe des paysans, nous avons remarqué que, dans la majorité des cas, les enfants n'atteignent pas à la taille de leurs parents ; sous le rapport de l'ampleur des formes, aussi, même en tenant compte de la différence d'âge, il y a de leur côté infériorité. Les médecins disent qu'aujourd'hui, on ne pourrait supporter les saignées comme on les supportait autrefois. La calvitie prématurée est beaucoup plus commune qu'elle ne l'était, et la perte des dents arrive chez la nouvelle génération avec une fréquence surprenante. Sous le rapport de la vigueur générale, le contraste est également frappant. Les hommes des générations passées, avec la vie débauchée qu'ils menaient, pouvaient supporter des fatigues que les hommes de notre temps ne supporteraient pas, malgré la vie sobre qu'ils mènent. Quoiqu'ils bussent vigoureusement, qu'ils mangeassent à des heures irrégulières, qu'ils vécussent dans des maisons mal aérées, et négligeassent beaucoup les soins de propreté, nos pères pouvaient supporter, sans en souffrir, une application prolongée, et cela jusque dans la grande vieillesse, ainsi qu'on le voit par les annales du parquet et du barreau. Cependant, nous, qui avons beaucoup plus égard à notre santé ; qui mangeons avec modération ; qui ne buvons pas à l'excès ; qui donnons notre attention à la ventilation, et qui faisons usage d'ablutions fréquentes ; qui multiplions les excursions annuelles, et qui avons le bénéfice d'une science médicale plus avancée, nous succombons continuellement à notre tâche. Plus occupés que nos pères des lois de l'hygiène, nous semblons être plus faibles qu'eux qui défiaient ces lois. Et si l'on en juge par l'aspect extérieur et les indispositions fréquentes des hommes de la génération qui vient, il est probable qu'ils seront encore moins robustes que nous.

Quelle est la signification de cela? Est-ce que la nourriture trop abondante qu'on prenait autrefois, était moins préjudiciable à la santé que la nourriture insuffisante qu'on prend, comme nous l'avons remarqué, généralement aujourd'hui? Faut-il s'en prendre à ces vêtements légers, dont l'usage est dû à la théorie trompeuse de l'endurcissement? Les empêchements mis aux jeux bruyants de la jeunesse, par égard pour une fausse préoccupation d'élégance, sont-ils l'origine du mal? D'après nous, chacune de ces causes y a probablement contribué[1]; mais il y a eu encore, là, une autre influence nuisible, plus puissante peut-être qu'aucune autre : nous voulons parler de l'excès d'application mentale.

Les nécessités de la vie moderne exercent une pres-

---

[1] Nous ne sommes pas certains que la propagation sous une forme amoindrie, de certaines maladies constitutionnelles, ne soit pas due en partie à la vaccination. Plusieurs faits pathologiques indiquent qu'en même temps que le virus s'excrète du système d'un enfant vacciné, par la voie des pustules, s'excrètent aussi d'autres matières morbifiques, surtout si ces matières morbifiques sont de celles qui se portent habituellement à la peau, comme cela arrive pour quelques-unes des plus dangereuses d'entre elles. D'où il suit qu'il est très-possible, qu'il est probable même, qu'un enfant ayant un vice constitutionnel trop léger pour se développer sous la forme d'une maladie, peut, à travers le medium d'un vaccin vicié, pris sur son bras, transmettre le vice constitutionnel à d'autres enfants, ceux-là à d'autres encore, et ainsi de suite

sion de plus en plus forte sur l'homme de tout âge. Dans toutes les professions, dans toutes les affaires, nos plus forts concurrents mettent plus à contribution les forces et les capacités de chaque adulte ; et pour mettre les jeunes gens en état de soutenir plus tard cette concurrence, on les soumet à une discipline intellectuelle plus sévère qu'autrefois. Le mal est double. Les pères, qui ont à lutter vigoureusement pour n'être point écrasés dans l'arène industrielle, commerciale, etc., et qui, dans le même temps où ils supportent ce désavantage, ont à subvenir aux dépenses considérablement accrues de leurs maisons, sont obligés de travailler toute l'année depuis le grand matin jusqu'à une heure tardive du soir, de se priver d'exercice et d'abréger leurs vacances. Ils transmettent à leurs enfants une constitution affaiblie par cet excès d'application. Et, après cela, ces enfants comparativement faibles, prédisposés à succomber sous la pression d'un travail extraordinaire, ont à suivre un cours d'études infiniment plus étendu que celui qu'avaient à suivre, chez les générations précédentes, des enfants qui n'avaient point été d'avance affaiblis.

Les conséquences désastreuses qui sont à prévoir, sont visibles de tous côtés. Allez où vous voudrez, partout on vous parlera d'enfants ou de jeunes gens des deux sexes dont la santé a été plus ou moins altérée par le trop d'étude. Ici, vous voyez que les médecins ont prescrit une année de séjour à la campagne pour réparer le système ainsi débilité ; là, c'est une congestion chronique du cerveau, qui dure depuis plusieurs mois et qui menace de durer encore longtemps; ailleurs, on vous parle d'une fièvre qui est résultée de la surexcitation due au régime de l'école; ailleurs encore, c'est un jeune homme dont il a déjà fallu interrompre les études, et qui, depuis qu'il les a reprises, est sujet à des évanouissements dans la salle de classes. Nous citons là des faits, — des faits que nous n'avons pas cherchés et qui sont tombés sous nos yeux depuis deux ans, dans notre entourage même. Et nous n'en avons pas épuisé la liste! Nous avions récemment l'occasion de remarquer combien le mal devient héréditaire; il s'agissait d'une dame née de parents robustes, mais dont la santé avait été si altérée dans sa jeunesse par le régime d'un pensionnat d'Écosse où elle n'était pas assez nourrie et où elle travaillait trop, qu'elle avait toujours depuis éprouvé des vertiges en se levant le matin; ses enfants ont tellement hérité de cette disposition, due à l'affaiblissement du cerveau, qu'ils ne peuvent supporter, sans maux de tête et étourdissements, un travail modéré. A l'heure où nous écrivons, nous avons sous les yeux une jeune personne dont la santé a été gâtée pour la vie par la fatigue excessive qu'ont produite chez elle les études scolaires. N'ayant jamais eu de temps et de forces de reste pour pouvoir faire de l'exercice, elle est, aujourd'hui que son éducation est terminée, continuellement malade. Un appétit faible et capricieux; un dégoût ordinaire pour la viande; les extrémités froides, même en été; une faiblesse qui s'oppose à la marche; des palpitations en montant les escaliers; une vue affaiblie; une croissance incomplète; des tissus lâches : tels sont, entre beaucoup d'autres, quelques-uns des effets produits. Nous pouvons ajouter qu'une de ses amies et de ses compagnes de pension est dans le même état, sa faiblesse étant si grande, qu'elle se trouve mal au milieu des réunions de plaisir les plus tranquilles, et que son médecin a exigé qu'elle abandonnât complétement l'étude.

Si des altérations si visibles de la santé sont aussi fréquentes, combien plus générales doivent être celles qui ne sont point appréciables à la vue ! Pour un cas où l'on peut reconnaître, dans une maladie positive, les effets de l'excès d'application, il y a probablement une demi-douzaine de cas où le mal ne se montre pas avec une évidence aussi irrésistible, et où il s'accumule lentement; cas dans lesquels le dérangement des fonctions est attribué à une cause ou à une autre, ou bien à une délicatesse de constitution; cas où il y a retard et suspension du développement physique, cas où naît et s'établit une tendance à la consomption, cas où l'on prépare de loin ces affections cérébrales causées si communément par le travail pendant la vie adulte. Il suffit de réfléchir aux maladies fréquentes que produit l'excès de travail chez les hommes de cabinet ou d'affaires, pour comprendre combien pires doivent en être les effets sur la constitution non développée des enfants, et combien souvent leur santé doit être ainsi secrètement minée. Les jeunes ne peuvent supporter ni autant de fatigues, ni autant d'exercice physique, ni autant d'exercice mental que les adultes. Jugez donc, si les adultes souffrent manifestement de l'excessif exercice mental auquel ils sont soumis, de ce que doit être le préjudice causé aux jeunes par un exercice également excessif!

Quand nous songeons à la discipline impitoyable de l'école, nous nous étonnons non pas qu'elle produise des maux extrêmes, mais qu'elle puisse être supportée. Prenez l'exemple fourni par sir John Forbes et tiré de son expérience personnelle. Il s'agit d'une école de filles, et l'auteur nous affirme que cette discipline est la moyenne de celle en usage dans les écoles destinées aux jeunes personnes des classes bourgeoises en Angleterre. Laissant de côté les subdivisions de la journée, voici les divisions principales des vingt-quatre heures :

Au lit.	9 h. (les petites, 10 h.).
En classe ou pour étudier les leçons	9 h.
En classe, pour travailler à des ouvrages d'aiguille ou étudier des arts d'agrément.	3 h. 1/2 (les petites, 2 h. 1/2).
Temps consacré aux repas.	1 h. 1/2.
Exercice en plein air, pris sous forme de promenades, souvent les livres à la main et seulement quand le temps est beau.	1 h.
Total. . . .	24 heures.

Quels sont les résultats de cet « étonnant régime, » comme l'appelle sir John Forbes? Nécessairement, la faiblesse, la pâleur, le défaut d'animation, une santé générale mauvaise. Mais ce qui est plus grave, c'est l'observation qu'il a faite : que ce complet mépris du bien-être physique qu'amène la préoccupation exclusive du développement de l'esprit, — que cet exercice prolongé du cerveau, et cette absence d'exercice du corps, non-seulement troublent les fonctions, mais conduisent à la difformité. « Nous visitions dernièrement, dit-il, dans une de nos grandes villes, un internat de filles renfermant quarante jeunes personnes, et nous apprenions par une enquête attentive qu'il n'y en avait pas une seule, parmi celles qui s'y trouvaient depuis plus de deux ans (et c'était la majorité d'entre elles), qui ne fût pas plus ou moins *contournée*[1]! »

Il est possible que, depuis l'année 1833, époque où ces lignes ont été écrites, quelque amélioration ait eu lieu. Nous espérons qu'il en a été ainsi. Mais que le système dont il s'agit soit encore répandu, qu'il soit même poussé quelquefois plus loin que jamais, c'est ce dont nous pouvons personnellement témoigner. Nous visitions, il y a peu de temps, une école normale de jeunes gens : une de ces écoles fondées récemment dans le but de former des maîtres bien disciplinés. Là, sous la surveillance du gouverne-

---

[1] *Encyclopédie de médecine pratique*, vol. 1, pp. 697, 698.

ment, dont on pourrait attendre plus de lumières que chez des maîtresses de pension, voici la routine journalière qui est établie :

A 6 heures, on réveille les élèves; de 7 à 8, étude; de 8 à 9, lecture de la Bible, prière et déjeuner; de 9 à midi, étude; de midi à 1 h. 1/4, repos et temps soi-disant consacré à la promenade ou à d'autres exercices corporels, mais souvent employé à l'étude; de 1 h. 1/4 à 2 h., dîner (le repas ne prenant ordinairement que 20 minutes); de 2 à 5, étude; de 5 à 6, thé et repos; de 6 à 8 1/2, étude; de 8 1/2 à 9 1/2, étude en son particulier, à part, pour préparer les devoirs du lendemain; coucher à 10 heures.

Ainsi, sur les vingt-quatre heures de la journée, huit sont consacrées au sommeil; quatre et un quart sont remplies par la prière, les repas, la toilette, et les courts instants de repos qui les accompagnent; dix heures et demie sont données à l'étude, et une heure un quart à un exercice corporel facultatif et souvent négligé. Non-seulement les dix heures et demie d'études réglementaires sont augmentées d'une heure, parce que les élèves préfèrent travailler encore à se promener, mais quelques-uns d'entre eux se lèvent à quatre heures du matin pour préparer leurs devoirs, et ils y sont encouragés par leurs maîtres! Les cours à suivre pendant un temps donné sont si étendus; les professeurs, dont l'amour-propre est intéressé à ce que les élèves passent bien les examens, sont si pressants, qu'il n'est point rare que ceux-ci soient conduits à consacrer douze ou treize heures par jour au travail mental!

Pas n'est besoin d'être prophète pour voir que le dommage ainsi causé à la santé doit être grand; et l'un des élèves nous a avoué que ceux qui arrivent avec un teint frais, ne tardent pas à pâlir. Les maladies sont fréquentes; le manque d'appétit et l'indigestion, très ordinaires. La diarrhée est un des symptômes les plus communs, et souvent le tiers des élèves en est affecté à la fois. Ils se plaignent généralement du mal de tête, et quelques-uns en souffrent tous les jours pendant des mois entiers. Un certain nombre ne peuvent résister, et sont obligés de partir.

Que tel soit le régime d'une institution modèle, institution fondée et surveillée par les hommes les plus éclairés de notre siècle, c'est là un fait étonnant. Que la sévérité des examens, jointe au petit nombre d'années ou de mois qu'on accorde aux élèves pour s'y préparer, rende nécessaire de recourir à un système qui détruit leur santé, c'est là une preuve, sinon de cruauté, du moins de déplorable ignorance.

Ce cas est sans doute exceptionnel, et ne se rencontre que dans les institutions de ce genre. Mais qu'il existe, cela suffit à prouver que l'intelligence de la nouvelle génération est bien surchargée de travail. Comme elles expriment le sentiment dominant des classes éclairées en matière d'éducation, les exigences de ces écoles normales indiqueraient, en l'absence même de toute autre preuve, la tendance générale à trop presser l'acquisition des connaissances.

Il est étrange qu'on comprenne si peu le danger de la culture excessive dans la jeunesse, quand on comprend si généralement le danger de la culture excessive dans l'enfance. La plupart des parents connaissent en partie les funestes conséquences de la précocité chez les petits enfants. Partout on entend blâmer ceux qui stimulent de trop bonne heure l'intelligence de leurs enfants; et plus on est instruit du mal qu'on peut ainsi leur faire, plus on redoute cette excitation précoce : citons comme preuve l'opinion d'un de nos éminents professeurs de physiologie, qui nous disait que son enfant ne prendrait aucune leçon avant l'âge de huit ans. Mais, pendant que tout le monde sait qu'un développement hâtif de l'esprit produit soit la faiblesse physique, soit l'hébétement, soit la mort prématurée, personne ne semble croire qu'il en est dans la jeunesse comme dans l'enfance. Rien n'est pourtant plus vrai. Il y a un ordre donné et une mesure donnée, dans lesquels les facultés se développent. Si les cours d'études suivent cet ordre et cette mesure, c'est fort bien. Si les facultés supérieures sont surchargées, parce qu'on leur présente sans cesse des connaissances plus complexes et plus abstraites que celles qu'elles peuvent s'assimiler; ou si, par un excès de culture, l'intelligence est amenée à un développement plus grand qu'il ne doit être à un certain âge, l'avantage anormal obtenu, sera inévitablement suivi d'un désavantage équivalent et même plus qu'équivalent.

Car la nature est un comptable exact; et, si vous lui demandez plus qu'elle ne doit dépenser d'un côté, elle rétablit la balance en faisant une déduction ailleurs. Si vous la laissez suivre elle-même ses voies, en ayant soin seulement de lui fournir les matériaux bruts de la croissance corporelle et intellectuelle, dans la proportion que chaque âge réclame, elle produira avec le temps un individu dont le développement sera plus ou moins harmonieux. Si vous insistez pour obtenir une croissance anormale sur un point, elle cédera, après un peu de protestations; mais, pendant qu'elle fera le travail que vous lui proposez, elle négligera quelqu'autre travail important. Qu'on n'oublie jamais que les forces vitales, à chaque époque de la vie, sont bornées, et que, cela étant, on ne peut en attendre qu'une certaine somme de résultats. Chez un enfant et chez un jeune homme, l'emploi de ces forces vitales est pressant et divers. Ainsi que nous l'avons dit plus haut, il faut subvenir au remplacement quotidien des tissus que l'exercice corporel détruit, également à celui des tissus cérébraux qu'usent les études de la journée; il faut subvenir encore à la croissance du corps et au développement du cerveau; et à ces dépenses de forces, il faut ajouter celles qui résultent de la digestion d'une grande quantité d'aliments, nécessaire à tout ce travail. Or, pour détourner de la force d'une direction dans une autre, il faut la faire tarir dans une de ces directions. C'est ce que le raisonnement montre *a priori* et l'expérience *a posteriori*. Tout le monde sait, par exemple, que la digestion d'un mets lourd produit une lassitude du corps et du cerveau, qui se termine souvent par le sommeil. Tout le monde sait qu'un excès de travail corporel, diminue la puissance de l'esprit ; que la prostration temporaire produite par des efforts précipités, ou par une marche de dix lieues, porte l'esprit à la paresse ; qu'après un mois de voyage à pied sans intervalles de repos, l'inertie mentale est telle, qu'il faut plusieurs jours pour la surmonter ; et que, chez les paysans qui passent leur vie dans le travail musculaire, l'activité intellectuelle est faible. C'est encore une vérité familière que, pendant ces accès de croissance subite qui arrivent quelquefois dans l'enfance, la dépense extraordinaire d'énergie est suivie d'une prostration physique et intellectuelle. Le fait qu'un violent exercice musculaire, après qu'on a mangé, suspend la digestion, et que les enfants mis de bonne heure à des travaux durs deviennent rabougris, montre de même que l'excès d'activité d'un côté, implique la diminution d'activité d'un autre côté. Or, la loi qui est manifeste dans les cas extrêmes, est vraie dans tous les cas et toujours. Ces fâcheux déplacements des forces ont lieu d'une façon aussi certaine quand on les opère d'une manière insensible et continue, que lorsqu'ils ont lieu d'une manière violente et soudaine. Donc, si dans la jeunesse la dépense de force appliquée au travail mental, dépasse les intentions de la nature, la somme de forces restante pour être appliquée aux autres besoins, tombe au-dessous de ce qu'elle devrait être, et l'on amène inévitablement des maux d'une espèce ou d'une autre. Examinons brièvement quels sont ces divers maux.

Si le trop d'activité du cerveau ne dépasse que modérément le degré d'activité normale, il n'y aura qu'une réaction modérée dans le développement du corps, la taille restant seulement un peu au-dessous de ce qu'elle eût été sans cela ; ou le volume étant moindre qu'il n'eût été, ou bien encore, la qualité des tissus étant un peu altérée. Un ou plusieurs de ces effets doivent nécessairement se produire. La quantité de sang supplémentaire qui afflue au cerveau pendant le travail mental et pendant la période subséquente de réparation du tissu cérébral, est du sang qui autrement eût circulé dans les membres et dans les viscères. Il est perdu pour la croissance, perdu pour l'entretien des tissus du corps. Cette réaction physique étant certaine, la question est de savoir si l'avantage qui résulte de la culture forcée de l'esprit dépasse le désavantage, si le défaut de la taille ou l'absence de cette perfection de formes qui donne la force ou la solidité au corps, est compensée par le surplus de connaissances acquises.

Quand l'excès du travail mental est plus grand, les inconvénients qui en résultent sont beaucoup plus graves : se portant non-seulement sur la parfaite croissance du corps, mais sur la bonne structure du cerveau lui-même. C'est une loi physiologique observée pour la première fois par M. Isidore Saint-Hilaire, et sur laquelle M. Lewes a appelé l'attention dans son essai sur les *Nains et les Géants,* qu'il y a opposition entre la croissance et le développement. Par croissance, on doit comprendre dans cette antithèse *accroissement de stature*; par développement, *accroissement de structure*, et la loi veut qu'une grande activité dans l'un, implique un ralentissement dans l'autre. La chenille et la chrysalide nous fournissent de ce fait un exemple familier. Dans la chenille, il y a très-rapide accroissement de volume; mais la structure est à peine plus complexe quand l'insecte est parvenu au plus haut degré de croissance que quand il est petit. Dans la chrysalide, le volume ne s'accroît pas; au contraire, le poids diminue pendant cette phase de l'existence, mais le développement organique s'opère avec une grande activité. L'antagonisme, qui est clair ici, l'est moins dans les êtres supérieurs, parce que les deux progrès se font chez eux simultanément. Mais nous le voyons pourtant dans notre espèce par le contraste entre les deux sexes. Les filles se développent rapidement sous le double rapport physique et moral, mais elles cessent de grandir de bonne heure. Les garçons se développent plus lentement physiquement et moralement; mais ils grandissent davantage et plus longtemps. A l'âge où les premières sont adultes et jouissent de leurs facultés complètes, les autres, dont les forces vitales ont été dirigées vers l'accroissement de stature, sont relativement imparfaits sous le rapport de la structure, ce qui se montre dans leur gaucherie de tournure et d'esprit. Or, cette loi s'applique à chacune des parties de l'organisme, aussi bien qu'au tout. Le développement d'une partie sous le rapport de la structure, quand il se fait avec une rapidité anomale, implique une suspension de son développement sous le rapport du volume; et cela a lieu certainement dans les organes cérébraux, comme dans tous les autres organes. Le cerveau qui, pendant l'enfance, est, relativement, volumineux, mais imparfait comme organisation, s'organisera, si on lui fait accomplir ses fonctions avec trop d'activité, d'une façon plus rapide qu'il ne convient à cet âge; mais le résultat sera plus tard qu'il n'aura atteint ni les dimensions, ni la force qu'il eût atteintes sans cela. Et c'est là une des causes, peut-être la cause principale, pour laquelle les enfants précoces et les jeunes gens qui, pendant un certain temps, ne connaissaient point de rivaux, s'arrêtent court si souvent, et frustrent la haute espérance qu'avaient conçue d'eux leurs parents.

Mais ces résultats désastreux de l'excès de culture, sont peut-être moins désastreux encore que les effets produits sur la santé générale : la constitution minée, les forces diminuées, et les sentiments morbides.

Des découvertes récentes en physiologie ont montré combien immense est l'influence du cerveau sur les fonctions des organes du corps. La digestion, la circulation et, par suite, toutes les fonctions organiques, sont profondément affectées par l'excitation cérébrale. Quiconque a vu répéter, comme nous l'avons vu, l'expérience faite pour la première fois par Weber, montrant les effets qu'on produit en excitant le nerf *vagus*, qui relie le cerveau aux viscères; quiconque a vu l'action du cœur, subitement arrêtée par l'excitation de ce nerf, reprendre lentement quand on suspend cette excitation, et s'arrêter encore quand l'excitation est renouvelée, aura une idée claire de l'influence déprimante qu'un cerveau surmené exerce sur le corps. Les effets ainsi expliqués physiologiquement, sont encore prouvés par l'expérience ordinaire. Il n'est personne qui n'ait senti les palpitations qui accompagnent l'espoir, la peur, la colère, la joie; personne qui n'ait remarqué combien l'action du cœur devient pénible quand ces sentiments sont violents. Et quoiqu'il y ait beaucoup de personnes qui n'ont jamais éprouvé cette excitation émotionnelle, au point où elle produit la suspension des mouvements du cœur et l'évanouissement, cependant tout le monde sait que l'une est la cause de l'autre. C'est également un fait qui nous est familier, que des troubles digestifs résultent de l'excitation cérébrale, quand elle dépasse un certain degré. La perte de l'appétit accompagne l'extrême joie et l'extrême douleur. Quand l'un de ces deux états d'esprit survient après le repas, il arrive souvent que l'estomac rejette les aliments qu'il a reçus, ou ne les digère qu'avec une grande difficulté. Et ainsi que l'attestera quiconque fait beaucoup travailler son cerveau, il suffit même, quelquefois, de l'activité intellectuelle, quand elle est excessive, pour produire de semblables effets. Or, la relation entre le cerveau et le corps, si évidente dans ces cas extrêmes, n'est pas moins vraie dans les cas moins marqués. De même que les excitations cérébrales, violentes et passagères, produisent des troubles viscéraux violents et passagers, les excitations cérébrales faibles, mais continues, produisent des troubles viscéraux moins forts, mais chroniques. Ce n'est pas là une simple déduction : c'est une vérité dont tout médecin peut rendre témoignage, et l'une de celles dont une longue et triste expérience nous permet de rendre personnellement témoignage aussi. Il faut souvent des années de repos forcé pour faire disparaître les maladies qui ont été produites, sous des formes et à des degrés divers, par cet abus prolongé du travail cérébral. Quelquefois c'est le cœur qui est principalement affecté : palpitations habituelles; pouls faible; diminution du nombre des battements de soixante-douze à cinquante, et même moins. Quelquefois, c'est l'estomac qui souffre davantage : une dyspepsie survient, qui fait de la vie un fardeau et ne peut se guérir qu'à la longue. Dans beaucoup de cas, le cœur et l'estomac sont atteints tous deux. Presque toujours, le sommeil est court et interrompu, et généralement, il y a plus ou moins de dépression mentale.

Qu'on considère donc combien grand doit être le mal fait aux enfants et aux jeunes gens par une excitation exagérée des facultés de l'intelligence. Un trouble constitutionnel, plus ou moins grand, succédera inévitablement à tout exercice cérébral qui dépassera la mesure voulue par la nature; et quand cela n'ira pas jusqu'à produire positivement la maladie, cela causera sûrement une lente dégénérescence du physique. Comment pourrait se faire heureusement le développement du corps, avec un appétit languissant, une digestion imparfaite, une circulation faible? L'accomplissement parfait des fonctions organiques, dépend d'un afflux suffisant de sang riche. Sans une quantité voulue de sang généreux, aucune glande ne peut sécréter comme il faut, aucun viscère remplir l'office auquel il est destiné. Faute de sang, aucun nerf, aucun muscle, aucune membrane, aucun tissu ne peut être réparé. Faute de sang d'une composition normale, la croissance ne sera ni régulière, ni suffisante. Qu'on juge donc des conséquences, quand l'estomac affaibli fournit à un corps qui croît un sang insuffisant en qualité et en quantité; quand le cœur débilité fait mouvoir ce sang rare et pauvre avec une lenteur qui n'est pas naturelle.

Et si, comme doivent l'admettre tous ceux qui étudient cette matière, la dégénérescence physique est le résultat d'un abus de l'étude, combien ne doit-on pas condamner ce système de travail exclusif dont nous avons plus haut rapporté un exemple! Il est terriblement erroné, de quelque point de vue qu'on l'envisage. Il est erroné au point de vue des connaissances à acquérir; car l'esprit, comme le corps, ne peut s'assimiler plus qu'une certaine somme d'aliments, et rejette bientôt le trop-plein de faits que vous lui présentez. Au lieu de devenir des pierres de l'édifice intellectuel, ces faits ne font que passer dans la mémoire, et en sortent aussitôt que les examens, en vue desquels on a voulu les acquérir, sont finis. Il est erroné, parce que son effet est d'inspirer le dégoût de l'étude. Soit par l'association d'idées produite par un travail pénible, soit à cause de l'état cérébral qu'il laisse derrière lui, il fait naître souvent l'aversion des livres; et au lieu de cette culture spontanée et progressive à laquelle conduit une éducation rationnelle, il y a une rétrogradation continue. Il est erroné encore, parce qu'il suppose que l'acquisition des connaissances est tout, qu'il oublie que l'organisation des connaissances est beaucoup plus importante, et que, pour cette organisation, deux choses sont nécessaires : le temps et le travail spontané de la pensée. Ainsi que le remarque Humboldt du progrès de l'intelligence en général, « l'interprétation de la nature est obscurcie. quand la description languit par un trop grand nombre de faits isolés; » et de même, le progrès de l'intelligence individuelle est gêné par une accumulation de connaissances mal digérées. Ce ne sont pas les connaissances amassées dans le cerveau, comme la graisse dans le corps, qui sont de grande valeur, ce sont les connaissances converties en muscles de l'esprit. L'erreur de ce système est plus profonde encore. Fût-il approprié au développement vrai de l'intelligence, ce qui n'est pas, il serait encore mauvais, parce que, ainsi que nous l'avons vu, il est fatal à cette vigueur physique, qui est nécessaire pour que la culture intellectuelle devienne un avantage dans le combat de la vie. Ceux qui, dans leur préoccupation exclusive de développer l'esprit, négligent les intérêts du corps, ne se souviennent pas que le succès dans ce monde dépend plus de l'énergie que des connaissances acquises, et que c'est aller au-devant de sa propre défaite que de ruiner sa constitution par l'excès de travail intellectuel. La volonté forte, l'infatigable activité, dues à la vigueur de la bête, compensent, dans une grande mesure, même les lacunes importantes de l'éducation; et quand on les réunit à cette culture suffisante qu'il est possible d'obtenir sans sacrifier la santé, elles assurent à celui qui les possède une victoire aisée sur des concurrents affaiblis par un excès d'étude, fussent-ils des prodiges de science. Une machine, comparativement petite et mal faite, mais marchant à haute pression, fera plus de travail qu'une machine grande et très-finie, qui ne marchera qu'à pression basse. Quelle folie n'y a-t-il donc pas, la machine achevée, à endommager la chaudière, de façon qu'elle ne puisse plus fournir de vapeur ! Le système en question est encore erroné, parce qu'il implique une fausse conception du bonheur dans la vie. En supposant qu'il menât l'homme au succès dans le monde, au lieu de le conduire à la défaite, il lui préparerait, dans une santé maladive, un fléau dont aucun avantage humain ne pourrait le dédommager. A quoi servent les richesses, si elles sont accompagnées de souffrances continuelles? Que valent les distinctions sociales, si elles ont amené l'hypocondrie avec elles? Est-il nécessaire de dire qu'une bonne digestion, un pouls énergique, un caractère gai, sont des biens extérieurs que rien ne peut contre-balancer? Les maladies chroniques assombrissent les plus beaux horizons, tandis que la bonne humeur que donne la santé sert à embellir même le malheur. Nous soutenons donc que cette culture forcée est vicieuse de toutes les manières : vicieuse, parce qu'elle ne fait acquérir à l'homme que des connaissances qu'il ne tarde pas à perdre; vicieuse, parce qu'elle néglige l'organisation des connaissances, organisation qui vaut plus que les connaissances mêmes; vicieuse, parce qu'elle affaiblit ou détruit cette vigueur sans laquelle l'éducation intellectuelle est inutile; vicieuse, parce qu'elle amène cette mauvaise santé, à laquelle aucun succès dans le monde ne pourrait servir de compensation, et qui rend l'insuccès doublement amer.

Les effets de ce système de culture forcée, sont peut-être plus mauvais encore chez les femmes que chez les hommes. Comme les petites filles sont presque entièrement privées de ces vigoureux et agréables exercices corporels qui, chez les garçons, mitigent les inconvénients du trop d'étude, elles éprouvent ces effets dans toute leur intensité. De là vient que si peu d'entre elles deviennent robustes et bien faites. Dans ces jeunes personnes pâles, anguleuses, à poitrine aplatie, qui peuplent les salons de Londres, nous voyons les effets de cette application rigoureuse que ne viennent point interrompre les jeux de la jeunesse; et cette dégénérescence physique nuit plus à leur succès que leurs talents ne peuvent y aider. Les mères, préoccupées du soin de rendre leurs filles agréables, ne pourraient en choisir plus mal les moyens qu'en sacrifiant ainsi le corps à l'esprit. Ou elles ne tiennent point compte des goûts des hommes, ou elles se méprennent étrangement sur ces goûts. Les hommes ont peu de souci de trouver de l'érudition chez les femmes; ce qu'ils prisent beaucoup, c'est la beauté, le bon caractère et le sens droit. Quelles sont les conquêtes qu'a jamais faites une femme bas-bleu par sa vaste connaissance de l'histoire ? Quel homme est jamais tombé amoureux d'une demoiselle parce qu'elle savait l'italien? Où est l'Edwin qui est tombé aux pieds d'Angélina, parce qu'elle parlait l'allemand. Mais des joues roses et des yeux brillants, ce sont là de grands attraits. Un visage bien arrondi attire des regards d'admiration. La gaieté et la bonne humeur que produit une santé débordante, a formé bien des attachements conduisant au mariage. Tout le monde a connu des cas dans lesquels la perfection des formes a fait naître, en l'absence de toute autre recommandation, une passion irrésistible; mais bien peu de gens ont vu l'instruction d'une jeune personne exciter, en dehors de ses mérites physiques et moraux, un pareil sentiment. La vérité est que, de tous les éléments qui se combinent dans le cœur de l'homme pour produire l'émotion complexe qu'on appelle amour, les plus puissants sont ceux qui naissent des avantages extérieurs; viennent en seconde ligne ceux que fournissent les qualités morales; les plus faibles sont ceux qui sont produits par les attraits intellectuels; et ceux-ci dépendent moins de l'instruction acquise que de facultés naturelles, telles que la vivacité d'esprit, la finesse, la pénétration. Si quelqu'un pense que cette assertion est trop basse et qu'on fait injure au caractère de l'homme en le supposant dominé par de pareils motifs, nous répondrons qu'on ne sait guère ce que l'on dit quand on met ainsi en question la sagesse des ordres divins. Lors même que le sens de cet arrangement ne serait point visible, nous pourrions être certains qu'il existe en vue de quelque objet important. Mais ce sens est tout à fait clair pour ceux qui réfléchissent. Quand nous nous souvenons qu'une des fins de la nature, ou plutôt sa fin suprême, est le plus grand avantage de la postérité; qu'en ce qui la concerne, une intelligence cultivée, accompagnée d'une mauvaise constitution physique, est de peu de valeur, puisque les descendants de la personne qui la possède mourront faute de santé dans une génération ou deux; et qu'à l'inverse, un beau et robuste physique, quoiqu'il ne soit accompagné d'aucun talent, mérite d'être conservé, parce que l'intelligence pourra, dans les générations à venir, être indéfiniment développée, nous voyons combien est important cet équilibre des instincts que nous avons montrés plus haut. Mais, sans tenir compte de l'avantage attaché à cet équilibre, n'est-il pas insensé de persister dans un système qui détruit la santé d'une fille, pour le plaisir de surcharger sa mémoire? Élevez-la d'une façon aussi distinguée que possible, la plus haute éducation sera la meilleure, pourvu qu'il n'en résulte aucune altération de la santé (et ici, nous remarquerons qu'on pourrait atteindre à un niveau suffisamment élevé, si l'on cultivait moins la mémoire de perroquet, si l'on faisait davantage appel aux véritables facultés humaines, et si l'éducation se continuait pendant cette période de temps perdu qui s'étend de la sortie de l'école au mariage). Mais cultiver les facultés intellectuelles de la manière et au point où on le fait, en amenant la dégénérescence physique, c'est aller contre le but même de tous les soins, de toutes les dépenses, de tous les soucis de l'éducation.

En soumettant leurs filles à ce système à haute pression, les parents détruisent souvent leur avenir. Outre qu'ils leur infligent les tristesses, les incapacités qui accompagnent la mauvaise santé, ils les condamnent souvent au célibat.

C'est ainsi que l'éducation physique des enfants est défectueuse de plusieurs manières. Elle l'est, par l'insuffisance de l'alimentation, par l'insuffisance du vêtement, par l'insuffisance de l'exercice (du moins en ce qui concerne les filles) et par l'excès de l'application mentale. Considéré dans son ensemble, ce régime tend a trop d'exigence. Il demande trop et donne trop peu. De la façon dont il dépense les forces vitales, il rend la vie des jeunes plus semblable à celle des adultes qu'elle ne devrait l'être. Il méconnaît cette vérité, que si dans le fœtus la vitalité tout entière est employée à la croissance; si, dans le premier âge, elle est encore employée presque tout entière au même objet, de sorte qu'il en reste fort peu pour l'action physique et mentale, la croissance continue d'être, dans l'enfance et la jeunesse, l'objet dominant auquel tous les autres doivent être subordonnés. Dans l'intérêt de la croissance, il faut donner beaucoup de forces à l'organisme et lui en soustraire peu. Il faut diminuer l'activité corporelle et intellectuelle, en proportion de la rapidité avec laquelle le sujet grandit, et n'augmenter cette activité qu'au fur et à mesure qu'il commence à grandir moins.

La raison d'être de notre éducation à haute pression, c'est qu'elle est le produit naturel de la phase de civilisation que nous traversons. Dans les temps primitifs, alors qu'attaquer et se défendre était la première des activités sociales, la vigueur corporelle était le *desideratum* de l'éducation ; éducation qui, à cette époque, était presque entièrement physique. On se souciait peu alors de la culture de l'esprit, et de même que plus tard, dans les temps féodaux, on la traitait avec mépris. Mais aujourd'hui qu'il règne dans le monde un état de paix comparative; aujourd'hui que la force musculaire ne sert plus guère qu'aux travaux manuels, et que le succès dans la vie dépend presque entièrement de la force mentale, notre éducation est devenue presque exclusivement intellectuelle. Au lieu de respecter le corps et de négliger l'esprit, nous respectons l'esprit et nous négligeons le corps. Ces points de vue exclusifs sont mauvais l'un et l'autre. Nous n'avons point encore compris cette vérité, que puisque dans la vie l'élément physique devient l'élément moral, celui-ci ne doit point être développé aux dépens du physique. Les deux conceptions de l'éducation, l'ancienne et la moderne, doivent se combiner ensemble.

Peut-être rien ne contribuera-t-il davantage à hâter le temps où le corps et l'esprit deviendront l'objet d'un égal soin que la diffusion de cette croyance : que la conservation de la santé est un de nos *devoirs*. Peu de gens semblent comprendre qu'il existe une chose dans

le monde qu'on pourrait appeler la *moralité physique*.
Les actions et les paroles des hommes, impliquent en
général l'idée qu'il leur est loisible de traiter leur
corps comme ils l'entendent. Les maux qu'ils s'attirent par leur rébellion contre les lois de la nature,
ils les regardent comme des accidents, non comme les
effets de leur conduite plus ou moins vicieuse. Quoique
les conséquences mauvaises de cette conduite sur ceux
qui s'en rendent coupables et sur les générations futures, soient souvent aussi funestes que celles du
crime, ils ne se croient pas le moins du monde criminels. Il est vrai que, dans le cas d'ivresse, on reconnaît ce que la transgression a de vicieux; mais personne ne paraît en inférer que, si cette transgression
des lois de l'hygiène est coupable, toutes les transgressions de même nature le sont également. La vérité est
que tout préjudice porté volontairement à la santé
est un *péché physique*. Quand on en sera généralement
convaincu, alors, mais pas plus tôt peut-être, l'éducation physique de la jeunesse obtiendra l'attention à
laquelle elle a droit.

FIN.

TABLE DES MATIÈRES

CHAPITRE PREMIER.

QUEL EST LE SAVOIR LE PLUS UTILE.

Le décoratif précède l'utile, 1. — Nécessité d'un criterium, 7. — But de l'éducation, 10. — Classification de nos activités, 13. — Ordre des diverses connaissances, 16. — Éducation préparant à la conservation, 19. — La mauvaise santé causée par l'ignorance, 23. — Étranges écarts de l'opinion, 26. — Science utile aux arts de construction, 29. — Utilité de la physique, 31. — Valeur industrielle de la chimie, 32. — Utilité de la biologie. 34. — Utilité des sciences mathématiques, 34. — La sociologie, 36. — Préparation de l'éducation des enfants, 40. — Résultats de l'ignorance des parents, 41. — Les instituteurs ont besoin de connaître la psychologie, 43. — L'art de l'éducation est le plus important, 50. — Insuffisance des études historiques ordinaires, 52. — L'histoire telle qu'elle doit être, 54. — La science est la clef de l'histoire, 58. — Rang de la culture esthétique, 61. — Les beaux-arts basés sur la science, 63. — L'artiste a besoin de connaître la psychologie, 68. — La science est elle-même poétique, 71. — Études les plus propres à la discipline, 74. — La science est propre à la discipline morale, 78. — Influence religieuse de la science, 80 — Réponse à la question, 84. — L'avenir, 87.

CHAPITRE II.

DE L'ÉDUCATION INTELLECTUELLE.

Changements d'opinion, 89. — Le présent est une époque de transition, 95. — Déclin des méthodes mécaniques, 96. — Méthodes nouvelles, 101. — Méthode naturelle, 104. — Ordre d'évolution des facultés, 106. — Nécessité d'un système actif d'éducation, 107. — Système de Pestalozzi, 111. — Défauts pratiques du système de Pestalozzi, 111. — Lois de l'évolution mentale, 116. — Développement intellectuel de la race humaine, 120. — Progrès de l'enseignement spontané, 123. — Les bonnes méthodes excitent l'intérêt, 126. — L'éducation doit commencer dans la première enfance. — Leçons de choses, 132. — Éducation des facultés d'observation, 139.

— Premiers essais de dessin, 141. — Comment il ne faut pas enseigner le dessin, 144. — Premières leçons de perspective, 147. — Géométrie empirique, 149.—Comment la géométrie devient attrayante, 150. — Géométrie rationnelle, 157. — Justesse de la méthode naturelle, 158. — Avantages de l'évolution spontanée, 159. — Durée de la culture spontanée, 165.

CHAPITRE III.

DE L'ÉDUCATION MORALE.

Absence de toute préparation à l'œuvre de l'éducation, 167.—Description faite par Richter des inconséquences des parents, 170. — Les parents manquent de discernement et d'empire sur eux-mêmes, 173. — L'éducation morale dépend de l'état social, 176.—Méthode naturelle, 180. — Méthode de la nature à l'égard des adultes. 184. — Les mauvais systèmes peuvent être relativement bons, 187. — Exemples du système normal, 190. — Avantages du système normal, 194. — Affection et confiance entre les parents et les enfants, 196. — Les enfants considèrent leurs parents comme leurs ennemis intimes, 205. — Moyens d'obtenir la confiance des enfants, 206. — Manière de traiter les fautes graves. 209.—Effets du châtiment, 213. — Discipline élevée des parents, 215.

CHAPITRE IV.

DE L'ÉDUCATION PHYSIQUE.

Étrange négligence de l'éducation physique, 228. — Desideratum, 234. — L'appétit est un sûr guide, 237. — Résultat de l'ascétisme, 241. — La nourriture doit être substantielle, 242. — Effets d'une forte nourriture, 249. — La nourriture des enfants doit être variée, 254. — Théorie de l'endurcissement, 258. — Les vêtements chauds sont essentiels, 262. — Folies maternelles dans le vêtement des enfants, 263. — Les jeunes filles n'ont pas assez d'exercices corporels, 268. — Le jeu est préférable à la gymnastique, 271. — Dégénération de la constitution, 274. — Conséquences funestes de l'excès du travail, 277. — Cas désastreux résultant du travail intellectuel, 280. — La nature est un comptable exact, 285. — Ce que coûtent les efforts excessifs pour acquérir les connaissances, 287. — Réaction du cerveau sur les corps, 287. — Le système excessif est erroné, 293. — Ce qui constitue les attraits féminins, 296. — C'est un devoir de veiller à la conservation de la santé, 300.

FIN DE LA TABLE DES MATIÈRES.

Coulommiers. — Typ. Paul BRODARD.

www.ingramcontent.com/pod-product-compliance
Lightning Source LLC
Chambersburg PA
CBHW071347150426
43191CB00007B/872